주보선 선교사는 소위 '광기의 시대'로 불리는 제국주의와 제2차 세계대전 전후를 믿음으로 통과하면서 선교의 부름을 확인하고 전공을 바꿔 17년간 선교를 준비하는 수고를 감당했다. 그리고 불분명하고 애매한 상황이 겹쳐지는 동족상잔의 비극으로 찢어진 최빈국 대한민국의 지방 소도시 전주에서 20여 년간 환자들을 섬기고 말씀과 기도로 주님의 제자들을 키워 냈다. 그는 유명하지는 않았지만 탁월한 전문가로서 헌신한 소박하고 고귀한 선교사였다. 그를 사랑하고 존경한다.

김창환 인하대병원 심뇌재활센터장 및 인하대 의과대학 교수

예수병원 의학박물관에는 낡은 인공심장박동조율기가 하나 전시되어 있다. 그 아래 주보선 선교사를 통해 심장초음파학과 인공심장박동조율기가 한국에 처음 소개되었고 이를 활용한 시술이 처음 이루어졌다는 설명과 그의 사진이 있다. 그러나 박물관의 유물과 사진으로만 그의 삶을 이해하기엔 턱없이 부족하다. 이 책은 평생 속이지 않는 것에 소망을 두었던 귀한 의료선교사의 삶에 관한 이야기다. 1967년 한국에 와서 1988년까지 예수병원에서 의료선교사로 사역한 주보선 선교사의 삶이 온전히 담겨 있는 이 책을 특히 그리스도인 의료인들에게 추천한다.

김철승 예수병원 병원장

첫 페이지를 넘기면 흥미 속에서 끝까지 읽게 되는 책이다. 한동안 구한말 시기 중국의 한 집안 역사가 드라마처럼 펼쳐진다. 복잡한 국제 정세와 전환의 시기에 한 가정과 개인이 하나님을 알아 가는 여정을 통해 그 시대가 스크린처럼 머릿속에 펼쳐진다. 시대는 변화무쌍한데, 주보선 선교사의 군더더기 없는 성격을 반영한 것일까 하는 생각이 들 정도로 이야기는 담담하게 펼쳐진다. 인생의 수많은 굴곡 속에서도 변함없이 하나님과 사람을 섬기는 일을 감당했던 주보선의 삶은 참 신앙인의 모습 그대로를 보여 준다.

1962년 의료선교대회에서 한국에 올 내과 의사를 찾던 설대위 선교사와의 만남 장면은 인상적이다. 인생의 내용이 결정되는 한 사람과의 만남! 그리고 1967년 그가 한국에 온 이후 수많은 사람이 그와의 만남을 통해 인생의 길이 바뀌고, 생각이 바뀌고, 삶이 바뀌었다. 이렇게 한 사람의 역사는 한 사람이 아니다. 그래서 평범한데 특별한, 아무것도 남기지 않았지만 모든 것을 남겨 또 다른 주보선을 일으키는 씨앗이 되었다. 자신에게 집중하고 자신의 필요를 채우라는 세상을 거슬러, 하나님 역사의 부르심에 순종하려는 그리스도인에게 필독을 권한다.

이대행 선교한국 사무총장

현대 선교에 있어서 중요한 질문 중 하나는 '현지 교회가 이미 존재하고 그리스도인의 수가 적지 않은 지역에 여전히 선교사가 필요한가?'이다. 1960년대 중반부터 1980년대 말까지 한국에서 사역한 주보선 선교사 부부의 삶이 하나의 답이 될 수 있다. 주보선 부부는 자식, 부모, 건강 문제 등등 일상을 씨름하고 동시에 부조리와 악한 문화가 여전히 존재하는 한국 사회와 일터에서 예수님의 제자가 어떻게 살아 나가는지 실천함으로써 복음을 증거했다. 이 책은 삶으로서의 선교, 함께함의 제자도라는 현대 선교의 방향성을 생생하게 보여 준다.

조샘 인터서브코리아 대표

한국에 온 수많은 선교사 중 거의 유일한 중국인으로서, 몸에 밴 동양적 태도와 자세로 겸손하고 검소하게 이 땅에 살다 간 주보선 선교사의 삶은 말 그대로 선교적 삶이었고, 일상에서의 선교가 무엇인지를 웅변하는 일생이었다. 그에게 선교는 삶을 통해 사람을 세우는 일이었고, 선교사의 길은 풍요로운 삶을 포기하고 단순한 삶을 살기로 작정하는 것이었다.

주보선, 그는 인종과 국적, 교단 등 갖가지 장벽과 편견을 넘어 우리에게 다가와 예수 그리스도의 성육신을 온 삶으로 보여 주었다. 당시 모두 아메리칸드림을 좇아 미국으로 향할 때, 복음을 전하기 위해 코리안드림을 따라 가난하고 소외된 한국으로 온 진실한 하나님의 사람이었다.

최근 화두인 선교적 삶, LAM(Life As Mission)의 실제적 모범이 되는 선교사, 겸손하고 조용하게 그러나 진실하고 꾸준하게 선교적 일상을 살아 낸 주보선의 삶은 오늘 우리에게 선교사란 누구인지, 선교란 무엇인지 다시 묻게 한다.

조계영 한국누가회 선교부 사무국장

선교적 삶(missional life), 삶으로서의 선교(Life As Mission)에 관한 질적 연구, 일종의 '생애사 연구'라고 할 수 있는 이 책은 매우 독특하다. 독자들은 이 책 전반부의 자서전을 통해 주보선 선교사의 삶의 맥락과 상황을 파악하고, 후반부의 회고를 겸한 김민철 박사의 평전을 통해 생로병사 일상다반사의 여정에서 선교적 삶이 주는 잔잔한 파동을 경험할 것이다. 덤으로 이 책에 거명된 수많은 이름은 어디서도 구하기 힘든 한 시내 의료선교 네트워크의 원자료이자 보고(寶庫)다.

지성근 일상생활사역연구소 소장, 미션얼닷케이알 대표

아무것도 남기지 않고 모든 것을 남긴
의사 주보선

IVP(InterVarsity Press)는
캠퍼스와 세상 속의 하나님 나라 운동을 지향하는
IVF(InterVarsity Christian Fellowship)의 출판부로
생각하는 그리스도인을 위한 문서 운동을 실천합니다.

아무것도
남기지 않고

모든 것을
남긴

의사 주보선

삶으로 선교를 보여 준
한 의료선교사의 삶과 유산

김민철

Ivp

서문
그의 삶, 삶으로서의 선교!

"미래를 위해 과거를 보존하라" Preserve the past to serve the future 라는 모토를 가진 박물관 Historical Foundation of the Presbyterian and Reformed Churches이 미국 노스캐롤라이나 몬트리트 Montreat에 있었다. 미국장로교의 선교역사박물관으로, 한국의 선교 사료를 많은 양 보존하고 있는 곳이었다. 나는 이곳을 여러 차례 방문해 사진과 선교사들의 편지 등을 복사해 오곤 했다. 안타깝게도 교세가 약화되어 박물관이 문을 닫는 바람에 사료들은 여기저기 흩어졌지만, 박물관의 모토는 내 마음속에 남아 있다.

이 책은 이 박물관의 모토를 기억하며 예수병원에서 수련받을 낭시 의사로서 우리를 가르쳤던 선교사 주보선 Davis Bao Chu을 그린 책이다. 그러나 그는 우리가 선교사 위인전에서 보는 그런 영웅적 면모를 지닌 이가 아니었다. 오히려 그는 평범한 일상의 삶을 살듯 선교사이자 의사로서의 삶을 살았다. 그는 업적이 될 만한 프로젝트를 수행하거나 건물을 짓지 않았고, 심지어 그 흔한 사진도 간

신히 몇 장 찾을 수 있을 만큼 남긴 것이 거의 없었다. 그래서 제자들 중 당시 동문회장을 맡고 있던 개원의 한호수 선생이 주보선 선교사님의 책을 내자는 의견을 냈을 때 나는 회의적이었다.

세월이 흘러 선교 개념에 매우 의미 있는 변화가 일어났다. '삶의로서의 선교' LAM, Life As Mission 의 중요성이 크게 부각된 것이다. 이 변화는 '아무것도 남기지 않은' 주보선 선교사에 대한 이해를 '모든 것을 남긴'으로 다시 생각하게 했다. 가시적 업적을 중시하고 영웅적 선교를 기대하며 우러러보던 시대에 주보선은 아무것도 남긴 것이 없어 보였다. 그러나 그는 이미 '삶으로서의 선교' 개념이 등장한 미래를 살았던 것이다. 선교지에서 먼지 쌓인 건물(교회든 병원이든)이나 하드웨어만 덩그러니 남아 있는 현장을 자주 목격했던 나는 '그래, 바로 이거였어!'라고 생각하게 되었다.

사실 유형적 업적을 연결해 주보선을 그려 내기란 쉽지 않다. 그러나 그가 우리에게 보여 준 의사로서의 진지한 자세와 환자를 하나님의 형상으로 대하는 태도, 그리고 가정과 일터의 일상성에서 평온을 잃지 않은 모습이 아직까지 우리의 마음에 삶의 향기로 남아 있지 않은가. 그렇다. 그는 조용히 그러나 진지하게 예수를 따르던 그 모습을 마음에 새기고 따라가려는 수많은 제자를 남겼다. 나아가 그에게 직접 가르침을 받지 않은 후배 의사들에게까지 대물림으로 영향을 미치고 있다. 그거면 충분했다. 선교의 본질이 바로 그것 아닌가.

조각조각 모은 자료와 일화를 엮어

　선교사님의 책을 내는 일이 쉬운 일이 아닌 줄 알았지만 해야 할 일이라고 마음먹은 제자들 열 명이 용기를 냈다. 첫 만남은 2017년 12월 20일 저녁에 이루어졌다. 마침 자녀들을 위해 주보선 선교사님이 직접 쓴 자서전 파일을 게일(우리나라와 미국의 자녀들을 포함해 살아게신 선교사 등 많은 분들에게 수소문했으나 게일의 한국 이름을 기억하는 사람을 찾을 수 없었다. Mrs. Chu 또는 사모님으로 불렸다고 한다) 사모님으로부터 전해 받을 수 있었다. 게일 사모님과 자녀들, 그리고 주보선을 아는 제자들뿐 아니라 그를 기억할 만한 여러 사람에게 질문을 만들어 보내고 답장을 받았으며 때로는 직접 만나기도 하여 토막 이야기들을 정리했다. 태평양을 건너온, 사모님과 자녀들에게 받은 자료를 정리하고 사진도 모았다. 모두 일과를 마친 후 저녁 시간을 이용해 만났기 때문에 밤늦게까지 시간을 제약받거나 주위 눈치를 보지 않고 이야기를 나눌 수 있는 공간이 필요했다. 마침 우리의 뜻을 이해해 준 '더 좋은 날'이라는 커피숍이 있어서 이곳에서 십수 차례의 모임을 이어 갔다.
　자서전을 번역하는 일과 충분해 보이지 않는 자료를 가지고 책을 쓰는 일은 나에게 맡겨졌다. 그러나 번역부터 만만하지 않았다. 이해되지 않는 부분은 그냥 덮어 두고 나가는 성격이 아닌지라 자서전에 등장하는 수많은 인물과 장소를 이해하기 위해 중국 근대사를 뒤적인 시간도 적지 않다. 제국주의의 팽창, 일본의 침략과 세계대전, 그리고 공산당과 국민당의 내전 등으로 얽힌 중국 근대사의 소용돌이가 주보선이 태어나고 청년기를 보낸 무대였기 때문이다. 공산당이 중국을 장악하자 미국으로 건너가 이어진 주보선의 삶은 마치 한편의 대하드라마처럼 느껴졌다. 선교사로, 의사로 우리와 함께한 시간이 결코 짧지 않았음에도 '우리는 주보선을 잘 알지 못했고 더 깊은 관계 속으로 들어가지 못했구나' 하는 생각도 들었다.

조각조각 모은 자료와 일화들을 어떻게 소제목으로 묶어 배치해서 그를 조금이라도 이해하기 쉽게 서술해 나갈 수 있을지 고민하는 가운데 진전되지 않고 막힐 때면 '전문가의 손에 넘겨야 하지 않을까' 생각하기도 했다.

그러던 중 안타깝게도 2019년 5월 19일, 게일 사모님이 갑자기 교통사고로 사망하셨다는 소식을 들었다. 추모 예배에 참석하기 위해 미국에 다녀온 뒤로는 막상 이 책을 보여 드리고 싶었던 게일 사모님이 계시지 않다는 생각에 동력이 떨어진 기간도 있었다. 그렇게 이 책을 위한 첫 만남 이후 3년이 조금 더 흐른 뒤에야 초벌 번역과 초고가 완성되었다.

오직 예수만을 따랐던 삶으로 남긴 메시지

이 책 1부는 주보선의 자서전을 번역한 것이다. 그리고 2-5부는 그의 삶을 작은 꾸러미들로 묶어서 서술해 보았다. 그는 업적 중심의 선교를 하지 않았고 자신의 일상적 삶을 통해 그리스도의 향기를 남겼다. 그렇다고 아무런 난관이 없는 평범한 삶을 살았다는 말은 아니다. 사실 그는 보통 사람이 겪기 어려운 여러 차례의 장벽을 뛰어넘는 삶을 살았다. 중국인으로 상하이 대학교를 졸업하고 공산당이 중국을 장악하던 시기에 국경의 장벽을 넘어 미국으로 건너갔다. 베일러 대학교에서 경영학 석사 MBA를 마친 후에는 전공의 장벽을 뛰어넘어 의과대학에 진학하고 순환기내과 전문의가 되었다. 다시 국경을 넘어 한국으로 건너와 65세 정년까지 의사로 일하며 살았다. 미국에서 의사로서의 안락한 삶을 내려놓고 또 한 번의 장벽을 뛰어넘은 것이다.

그뿐 아니다. 그는 인종차별이 심했던 1950년대 말, 미국에서 백인 여자와 결혼함으로써 깨뜨리기 어려운 관습의 장벽을 넘었다. 한편 그는 장로교 선교사로 예수병원 Presbyterian Medical Center(직역하면 장로교 의료센터)에서 일했지만 그의 삶의 궤적을 추적해 보면 감리교와 침례교를 넘나들었다. 교단주의에 함몰되어 배제에 익숙하고 포용의 가르침을 잃어버린 오늘날의 한국 교회로서는 이해하기 어려울지도 모른다. 그러나 그는 오직 예수만을 따랐다. 삶으로 이 메시지를 우리에게 남긴 것이다.

이 책이 출간됨으로써, 제대로 평가되지 않고 기록마저 남지 않을 뻔했던 '의사 주보선'의 삶이 한국 의료선교 역사에서 '삶으로서의 선교'를 앞서 보여 준 분의 삶으로 재조명되기를 바란다. 그리스도를 따르는 삶을 살고자 하는 이들에게 주보선의 이야기가 감동과 도전으로 다가가기를 바란다.

혼자 이룰 수 있는 일은 없다, 감사의 마음을 전하며

이 책이 나오기까지 힘이 된 많은 분께 감사드린다. 흔쾌히 출판을 결정해 준 IVP와 이종연 편집장, 그리고 실무를 맡아 꼼꼼하게 피드백하며 완성도 높은 책을 만들어 준 김영미 편집자께 진심으로 감사드린다. IVP는 국제적인 출판사이기 때문에 우리뿐 아니라 미국에 있는 주보선 선교사님의 가족들도 출판사를 알아보고 흐뭇해하실 것이다.

무슨 일이든 혼자 이룰 수 있는 일은 없다. 주보선에게 수련을 받고 1979년 방글라데시로 파송되어 우리나라 해외 의료선교의 문을 연 이용웅 선생을 비롯해 이 책이 나오기까지 격려와 도움을 준 분들께 감사드린다.

주보선에게 의료적 가르침 외에 예수를 따르는 삶을 배운 기억을 더듬어 그 경험한 일들을 성심껏 제공해 준 오병남, 김문중, 김종준, 서복주, 박일주, 김인재, 신우중, 김귀완, 신대균 선생께 감사드린다. 은퇴한 오병남 선생을 제외하고는 이분들 모두 아직 그의 가르침을 마음에 두고 진료 일선에서 활동 중이다.

예수병원 비서실에서 주보선 부부를 가까이 지켜보았던 세인트메리스 대학 Saint Mary's College의 정인숙 교수와 미국에서 은퇴한 주보선 가족과 가까이 지낸 이석원 교수께도 감사드린다. 이들의 회고는 우리가 잘 알 수 없었던 시공간에서의 주보선을 이해할 수 있는 연결고리를 제공해 주었다.

번역과 시어 詩語를 정리하는 데 도움을 준 전북대학교 영어영문학과 박재영 교수와 조민숙 시인, 꼼꼼히 교정을 봐 주고 소제목 아이디어를 제공해 준 고근 선생, 누렇게 바랜 종이에 타이핑된 인형극 이야기를 쓰레기통에 버리지 않고 보관해 둔 덕분에 이 책의 '들어가는 이야기'를 쉽게 시작할 수 있게 해 준 신성혜 박사에게도 감사드린다.

이 책이 나오는 데 누구보다도 결정적인 역할을 해 준 여러 분들께 감사드린다. 매번 두세 시간씩 십수 차례 모여서 책 출간을 도모하며 시간과 노력을 기울이고 마음을 모아 준 예수병원의 이광영(신장내과), 조진웅(소화기내과), 정금모(소화기내과), 전성희(순환기내과) 선생과 개원의사 이진홍, 김은화, 유영근, 이순형, 이태관 선생들이다. 이들이 아니었으면 이 책은 나올 수 없었다.

이 책의 부족한 점은 필자인 나의 책임으로 남기며, 이로써 신명기 말씀에 순종하여 시작한 역사의 작은 한 페이지를 기록하여 남기는 복된 짐을 내려놓는다. "지난날을 회상해 보아라! 과거의 모든 역사를 생각해 보아라! 너희 부모들과 나이 많은 어른들에게 물어보아라! 그들이 너희에게 설명해 줄 것이다"(신 32:7, 현대인의성경).

2022년 6월
우목실 서재에서
김민철

차례

서문 • 9
들어가는 이야기 • 21

1부
―
1923년 3월 27일-2015년 9월 30일
나의 인생 이야기

변화와 혼란의 시대를 관통하여 • 33
그리스도인이 되다 • 37
하나님의 인도하심 • 47
나의 조상 • 49
부모님과 우리 네 형제 • 57
아버지와 새어머니 • 66
충청에서의 생활 • 85

베일러 베어스, 내가 왔다! · 93
하늘에서 맺어 준 짝 · 103
선교 여정의 시작 · 111
예수병원에서의 첫 번째 임기 · 119
다섯 자녀와 장인을 동반한 두 번째 임기 · 125
큰아들의 암 투병으로 시작한 세 번째 임기 · 131
21년간의 섬김, 그리고 정년 · 139

2부

너무 평범해서 특별했던
그의 인생 이야기

장벽을 넘어서 · 149
부르심, 준비, 이별 · 160
선교사로서의 삶 · 163
아내와 자녀들의 회고 · 171
선교사 자녀로 살아간다는 것 · 193

3부

그가 우리에게 남긴 것

세심하고 성실한 고품격 진료 • 201
생명 존중과 당당함이 어우러진 의료인의 태도 • 213
기독 의사의 정체성을 세워 준 성경 공부 • 219
합리적 사고를 통한 조화로운 인간관계 • 223
섬기는 삶, 단순한 삶 • 233

4부

계속되는 아름다운 삶과 영향력

세월을 넘어선 사랑의 교류 • 243
하늘나라 입성을 환송하다 • 255
아름다웠던 생애를 추모하고 축하하다 • 266

5부

아무것도 남기지 않고
모든 것을 남긴

삶으로 모범을 보여 준 • 273
삶으로서의 선교 • 277
선교적 삶을 사는 제자들 • 283

주보선을 기억하며 • 293
주보선 연표 • 296

권익수·권애순 부부가 인형극을 하는 모습.

들어가는 이야기

1988년 주보선은 예수병원에서의 21년 선교 여정을 마치고 미국으로 돌아갔다. 정년이 되어 고국으로 돌아가는 이 가정을 떠나보내며 동료 선교사들은 송별 모임을 준비했다. 이 자리에서 주보선과 연관된 이야기들을 모아 인형극으로 연출했는데,* 여기에 몇 장면을 소개한다.

동료 선교사였던 권익수·권애순 Merril H. & Alma Grubbs 부부**가 각각 주보선 David B. & Gail C. Chu 부부 역을 맡고 보유덕 Ruth H. Folta 이 해설을 맡았다.***

- * 인형극 대사의 의미를 정확하게 전달하기 위해 게일이 생존해 있을 때 확인한 내용으로 '주'를 달아 실명한다.
- ** 권애순은 한일장신대학교 초기에 학생을 가르쳤고, 권익수는 예수병원에서 행정부장으로 일하면서 병원 행정을 정착시켰다. 인형극 사역 사진은 권익수의 자서전에서 허락을 받아 가져왔다.
- *** 보유덕은 간호사로서 보요한(John Folta)과 함께 1955년부터 1991년까지 전주와 광주에서 사역했다.

인형극으로 추억하다

장면 1.

해설자 여러분도 잘 아시다시피 추 박사님네는 슬하에 다섯 자녀를 두어 가족 수가 일곱 명이나 됩니다. 그래서 종종 고도의 산수가 필요했습니다. 애들이 많았기 때문에 문제가 생기기도 했고요. 지금은 이 가정이 안식년을 마치고 한국으로 돌아갈 준비를 하고 있습니다.

주보선 차가 왔어요, 준비 다 됐어요?

게일 네, 잠깐이면 돼요. 먼저 애들 좀 차에 실어 줄래요? 확실하게 잘 세셔야 해요. 지난번처럼 여섯이면 안 돼요. 우리 아이는 다섯이에요.*

장면 2.

해설자 설매리 Mary Seel 선교사가 주보선 선교사와 함께 버스를 타고 대전에 가던 중에 남편 설대위 선교사와 있었던 이야기를 해 주었답니다. 그 경험으로 미루

- 이 장면은 아이들이 많은 가정의 정신없이 분주한 모습을 잘 보여 준다. 자녀들에게 무슨 일이 일어나고 있는지 일일이 추적할 수 없었기 때문에 가끔 아이 하나를 잃어 버리기도 했다. 선교사들의 휴양시설이 있는 대천 해수욕장에서 저녁 기도회를 마치고 돌아왔을 때 넷째 피터(Peter)가 없다는 사실을 발견하고 아이를 찾으러 다시 돌아간 적도 있었다. 아이들의 친구들은 거의 내 자녀와 다름없었고, 설대위(David J. Seel)의 딸 크리스틴(Christine)은 언니와 오빠가 있었으나 나이 차이가 커서 오히려 주보선의 아이들과 잘 어울려 놀았다. 주보선의 집에 늦게까지 머물러 있는 날이 많았고, 휴가를 같이 가기도 했다. 첫째 필립(Pillip)도 친한 친구가 있었는데, 부모가 필리핀으로 선교지를 옮기는 바람에 혼자 남아 대전외국인학교(Korea Christian Academy, KCA)에 다녀야 했다. 그 아이도 주보선 가족의 구성원이 되었다.

어 볼 때 아마 이런 일이 주보선 선교사의 집에서 게일에게도 있었을 거라 생각됩니다. 자, 볼까요?

게일　여보, 오늘 병원에서 바빴어요?

주보선　평소와 같았지. 특별한 일은 없었고….

게일　얘기 좀 해 주세요.

주보선　그러니까 심전도 판독을 좀 하고, 전공의들을 위해 강의를 했고… 대전에서 온 선교사들… 몇 명… 진료를… (쿨…쿨…).

게일　당신이 맞네요, 뭐 별로 특별하지는 않네요.˙

장면 3.

해설자　'g'는 Gail Chu의 이름에서 첫 자이기도 하지만 'generous'(너그러운) 'g' 자이기도 합니다. 어떤 때는 이것이 지나쳐서 혼을 빼놓기도 합니다.

주보선　대체 무슨 말이에요, 그 사람에게 집을 팔다니? 그건 우리 집이 아니잖아요!

게일　네, 알아요, 여보. 그런데 그 사람이 내 말을 잘 못 알아듣고 집을 사려고 모든 서류를 준비해 온 거예요. 그래서 그 사람의 마음을 상하게 하고 싶지 않았단 말이에요.

주보선　게일…!˙˙

˙　주보선은 언제 어디서든 누가 있든 개의치 않고 쉽게 잠들곤 했다.
˙˙　누구에게나 친절하게 대하고 싶었던 게일은 때로 판단이 흐려지기도 했다. '아니오'라고 말해야 할 때 그러지 못했다.

장면 4.

해설자   모든 선교사들은 다 알고 있습니다. 만약 매우 세심한 검진을 원한다면 주보선 박사에게 가야 한다는 것을. 내 말은 말 그대로 **모든** 선교사를 말하는 것입니다. 여기 주보선 박사님이 진료실에 혼자 계시네요. 한번 볼까요?

주보선   아, 아… 좋아요… 이제 기침을 해 보세요. 아이쿠… 이거 정말 나를 검진해 줄 의사는 어디 없나 찾아봐야 할 것 같네….*

장면 5.

해설자   여러분이 잘 모를까 봐 말해 주는데 주보선 박사는 스포츠를 매우 즐겼답니다. 그는 한국의 국제학교(대전외국인학교, KCA) 팀 닥터 맡는 것을 좋아했는데, 이 핑계로 모든 경기를 정당하게 관람할 수 있었기 때문입니다. 그러나 텔레비전으로 중계되는 경기에도 푹 빠져들곤 했는데… 어느 정도인지 한번 보세요. (미국 켄터키주 루이빌에 있는 장로교 선교부의 아시아 지역 책임자인 김인식 박사에게서 국제 전화가 걸려 온 상황입니다.)

게일   여보세요. 오, 김 박사님, 안녕하세요. 그러시군요. 루이빌로 이사는 하셨어요? 아니면 아직…? 잘됐네요. 저도 기쁘네요. 남편과 통화하고 싶으시다고요? 잠깐만요. 여보, 김 박사님이세요.

주보선   잠깐만, 경기가 거의 끝나 가는데… 막상막하예요.

게일   여보, 그렇지만, 여보! 루이빌에서 김 박사님에게 걸려온 전화란 말이에요.

• 주보선은 항상 환자의 건강을 정성껏 돌보았지만 막상 자신의 건강은 소홀히 했다.

주보선   경기가 곧 끝나 가요… 막상막하라고… 와!

게일   김 박사님, 잠깐 기다려 주시겠어요? 그들이 곤경에 처해 있대요… 아니요, 남편이 아니라 경기… 제 말은 잠시 후에 받을 거라는 말이에요. 사모님은 어떠세요? 여보…!*

인형극의 짧은 장면들을 통해 본 것처럼 지금 우리가 이야기하려고 하는 주보선은 우리와 비슷한 평범한 사람이었다. 그가 선교사 정년으로 미국으로 돌아간 지 벌써 33년여가 흘렀다. 하지만 그 후 그는 단 한 번도 다시 한국 땅을 밟지 못했고, 2015년 9월 30일 하나님 품으로 갔다. 물론 그는 다시 한국에 와 보고 싶어 했지만, 은퇴하고 귀국한 뒤 5년이 넘는 기간은 생활비를 벌기 위해 일했고, 그 뒤로는 건강상의 문제로 장거리 여행이 어려워졌다. 제자들이 마련한 비행기표가 있었음에도 한국에 올 수 없어 제자들의 마음을 안타깝게 했다.

그의 제자들은 연수나 학회 참석을 위해 미국에 가게 될 때면 그가 말년에 살던 노스캐롤라이나의 콩코드로 찾아가곤 했다. 그의 집에 머물면서 식사도 하고 밤늦게까지 이야기하면서 알게 된 역사가 입에서 입으로 전달되어 후배들에게 전설처럼 전해졌다.

* 주보선은 열렬한 스포츠 팬이었다. 경기를 볼 때 그는 주변에서 무슨 일이 일어나고 있는지 전혀 의식하지 못했다. 김인식 박사는 말하자면 미국장로교(Presbyterian Church of the USA, PCUSA)에서 파송한 아시아에 있는 모든 선교사의 상관이었다.

그런데 그에게 직접 배운 의사들뿐 아니라 그의 삶을 옛이야기로 전해 들은 후배 의사들도 한결같이 그의 가르침과 믿음의 발자취를 마음에 깊이 새기고 있다. 으레 그렇듯 힘들었던 전공의 시절을 공유한 의사들이 모이면 밤늦도록 그 당시의 이야기로 꽃을 피운다. 그리고 그럴 때면 늘 스승 주보선에 대한 추억이 등장한다. 어떤 제자는 스승의 겸손한 삶을 흉내 내며 사는 이야기를 하고, 스승의 몸에 밴 근검절약 정신을 옆에서 보고 배운 제자 김인재는 '집 가구를 바꾸지 않고 아주 오랫동안 사용하는 이유가 스승 탓'이었다는 사실을 아내에게 들켰다고도 말한다. 제자들은 의료인으로서 '환자를 중심에 두는 진료 윤리'나 '의사는 공부하는 것이 양심적인 것'이라 여기는 마음가짐이 지금까지 진료 현장에서 자신을 지켜 주었음을 확인한다. 그뿐 아니라 그의 제자 중에는 미국에서 의사로서의 삶을 내려놓고 우리와 함께한 그의 본을 따라 어려운 나라로 나간 이들도 있고, 몇몇은 아직도 그곳에서 삶을 나누고 있다.

그러나 다시 말하지만, 그는 결코 영웅적인 선교사가 아니었고 영향력 있는 설교자도 아니었다. 조그만 병원이라도 지었다거나 그럴듯한 프로젝트를 수행하지도 않았다. 아예 그런 시도를 하려는 열정 같은 것을 엿볼 수 없었던 독특한 선교사였다. 그러니 그는 세상의 눈으로 보면 별다른 업적을 남기지 않은 것처럼 보인다. 그러나 그는 사람을 남겼다. 많은 세월이 흐른 지금, 그를 기억하는 사람들에게 그 점이 미스터리고 수수께끼일지 모른다.

우리는 이 평범했지만 매우 독특했던 우리 스승의 삶을 돌아보고 그의 초상을 그려 보면서 이 수수께끼를 풀어 보려고 한다.

그는 정말 평범했을까?

우선 한국에 오기 전 그의 생애를 짧게 추적해 보자.

그는 1923년 중국에서 태어나 상하이 대학교에서 경영학을 공부했다. 나중에 소개하겠지만 제2차 세계대전 중 중국에서 보낸 젊은 시절과 예수와의 만남, 그리고 미국 이주로 이어지는 격변의 여정은 결코 평범하지 않았다.

1949년에 미국으로 건너간 그는 텍사스의 베일러 대학교에서 경영학 석사학위를 받았다. 그러나 하나님의 소명을 확신하고는 진로를 바꿔, 같은 대학교 의과대학에 들어가 의학을 공부했다. 인턴 과정과 내과 수련은 뉴욕의 브루클린에 있는 감리교병원 New York Methodist hospital에서 받았고, 뉴저지의 장로교병원 Heart Institute of Presbyterian Hospital, Newark, NJ에서 전임의를 거쳐 심장내과 전문의가 되었다. 그 후 감리교병원의 요청으로 1963년부터 1967년까지 심장내과 과장으로 일하면서 심전도, 심장 초음파, 심도자 검사, 심박동기 시술 등 당시로서는 첨단의 의료를 수행했다. 이는 심장내과 의사로서 결코 평범한 성취는 아니다. 게다가 그와 그의 가족 앞에 기다리고 있을 미국에서의 풍요로운 삶을 포기한 것은 세속의 눈으로는 이해할 수 없을지 모른다.

그는 1967년에 한국으로 건너와 1988년 선교사 정년인 65세가 될 때까지 서울도 아닌 지방 도시 전주에서 묵묵히 일했다. 그는 자신을 화려하게 드러낼 수 있는 첨단 의술을 위해 당시 우리나라 의료 수준에 맞지 않는 설비를 갖추려고 노력하지 않았다. 그 대신 주어진 후진국의 의료 여건에 맞춰 조용히 예수께서 공생애 기간에 하신 일을 하면서 주님을 따르는 제자로 살았다. 즉 가르치고 전파하고 고치는 일을 하면서 평범하게 살았다.˙ 그의 생애는 정말 평범한 것이었을까?

우리는 우리나라에 온 선교사는 모두 백인이었다고 생각하기 쉽다. 사실이 그러하다. 그 당시 우리에게 온 선교사들은 거의 모두 서양에서 온 백인이었다.

그러나 그는 아니었다. 이 사실 하나만으로도 그는 평범하지 않을지 모른다. 물론 그의 국적은 미국이었다. 하지만 중국에서 태어나 일본이 일으킨 전쟁과 공산당의 등장 속에서 혼란스럽고 고통스러운 유년기와 청년기를 보냈다. 어쩌면 한국인들이 겪은 그것과 비슷한 경험이었을 것이다. 그런 면에서 그는 항상 지배자였던 백인들과 달리 피지배자로 살아온 한국인과 마음으로 공감할 수 있는 준비된 선교사였다.

- "예수께서 모든 도시와 마을에 두루 다니사 그들의 회당에서 **가르치시며** 천국 복음을 **전파하시며** 모든 병과 모든 약한 것을 **고치시니라**"(마 9:35).

이제 우리는 먼저 1부에서 주보선 자신의 글을 통해 그의 삶을 돌아볼 것이다.● 그리고 2부에서는 의료선교사로서 그의 삶이 다른 의료선교사와 어떻게 달랐는지, 그의 어떤 모습이 그의 제자들 가슴에 잔잔하면서도 평생 지워지지 않는 흔적을 남겼는지 짚어 볼 것이다.

● 2010년 이전에 주보선이 쓴 글을 게일과 주보선의 첫째 딸 루이사(Luisa)가 다듬은 것으로, 주보선의 어린 시절부터 은퇴 이후의 삶까지 담담하게 기록하고 있다.

1부

1923년 3월 27일 - 2015년 9월 30일
나의 인생 이야기

주보선 쓰고 김민철 옮김

주보선의 부모님과 네 형제.

변화와 혼란의 시대를 관통하여

    내가 우리 가족의 역사를 기록하는 이유는 우리 자녀와 손자들이 우리의 뿌리를 알고 우리의 삶 속에서 하나님이 얼마나 엄청난 은혜를 베푸셨는지 알았으면 해서다. 여러 면에서 이것은 정말 놀라운 이야기다.

    나의 할아버지는 교육을 받지 못한 분이었다. 증조할아버지는 옷감 파는 장사를 했는데, 그가 주문한 물건이 배로 오던 중 강도를 만나는 바람에 가세가 크게 기울었다. 그래서 할아버지는 빚을 물려받았다. 당시 중국의 사회 계층은 학자와 정부 관료가 가장 상위에 있었고, 다음이 농부, 마지막이 노동자 순이었다. 상업에 종사하는 층은 군인보다 한 단계 위로 그리 자랑할 만한 계층이라고는 할 수 없었다. 할아버지는 자식을 교육시켜 집안의 위상을 높이고 신분을 상승시키기 원했다. 아버지는 종종 우리에게 "어머님이 안 계셨다면 나도 아버지처럼 정말 별 볼 일 없는 사람이 되었을 거다"라고 말했다. 이 이야기는 뒤에서 더 자세히 하겠다.

상하이를 떠나다

나는 1923년 3월 27일 중국 상하이에서 아버지Ting Chi Chu와 어머니Ping Hsia Hu의 셋째 아들로 태어났다. 당시 중국은 20세기 혼란의 소용돌이 속에서 엄청난 변화의 역사를 관통하고 있었고, 내전과 전쟁이 끊이지 않는 상태였다. 마침내 1949년, 격전 끝에 중국 공산당이 국민당을 물리쳤다. 이때 즈음 우리 가족 모두 중국을 떠났다. 나는 스물여섯 살에 상하이 대학을 졸업한 뒤 1949년 5월에 가족 중 맨 마지막으로 중국을 떠났다. 상하이 대학은 미국 남·북 침례교협의회의 지원으로 세워진 기독교 대학으로, 교수 중에는 미국 선교사가 여럿 있었다.

내가 캠퍼스를 떠나는 마지막 트럭에 몸을 실었던 날은 잿빛 구름이 드리워져 음울했다. 멀리서 기관총 소리가 들렸다. 나는 베일러 대학에서 주는 장학금을 받게 되어 상하이 대학 졸업 후 한 달이 조금 지나서 미국으로 향했다. 이때 나는 다시 중국으로 돌아올 가능성이 매우 희박하다는 사실을 어렴풋이 알고 있었다.

내전이 잦아들 무렵 중국의 모든 대학은 간헐적으로 동맹휴업을 했다. 학생들은 내전 종식을 부르짖었다. 당시 장제스蔣介石가 이끌던 국민당은 구석구석 부패해 있었고, 학생들의 목소리는 정부를 향했다. 그러나 내가 대학교 2학년 때에는 데모의 이슈가 내전 종결이 아니라 학점제도를 시정해 달라는 것이었다. 상당수 학생이 그 이슈를 정당하다고 생각하지 않았고, 상급 학년 전체와 나를 포함한 저학년 20여 명은 반스트라이크 학생연대를 형성했다. 그리고 정확한 이유는 알 수 없는데 내가 대표자로 선출되었다. 그 이후 나는 본의 아니게 튀는 인물이 되었다.

1949년, 공산당이 상하이를 장악했고, 나는 등사된 편지 한 통을 받았다. 편지는 그 유명한 팔로군의 자매 군대인 신사군에서 온 것이었다.* 그 편지에 의하면, 그들이 곧 상하이를 해방시킬 것인데, 과거에 내가 잘못한 행동과 그들을 반대한 일을 뉘우친다면 지나간 일은 묻어 두겠다고 했다.

앞에서 말한 바와 같이 이때는 이미 우리 가족 모두 중국을 떠난 후였다. 아버지는 새어머니와 세 딸과 함께 대만에 있었다. 큰형 폴Paul과 그의 가족은 제네바에 있는 국제노동기구ILO에서 일하고 있었고, 둘째 형 필립Philip과 그 가족은 뉴욕에 정착했다. 내 동생 제임스James(상하이 방언으로 중국 이름이 'Bao The'인데 발음이 'butter'로 들려서인지 모두 그를 버터라고 불렀다)는 중국 정부의 지원을 받아 영국에서 항공공학에 대한 훈련을 받고 있었다.

내가 베일러 대학에서 받기로 한 장학금은 대학원에서 경영학을 공부하도록 주어진 것이었다. 중국에서 일어나고 있는 변화를 생각했을 때, 중국을 떠나면 아마도 다시 중국에 돌아올 수 없을

---

* 팔로군(八路軍, 8th Route Army)은 신사군(新四軍, New 4th Army)과 함께 마오쩌둥(毛澤東)이 이끈 중국 공산당의 주력 부대로 항일전쟁과 국민당과의 투쟁을 주도했다.

것이었다. 앞으로 무엇을 할 것인가를 찾아가는 길이 험난한 시간이 될 것임을 예상할 수 있었다. 그러나 나는 한참을 기도한 뒤 떠나는 것이 옳다고 느꼈다. 그리고 1949년 5월 중순에 화물기를 타고 상하이를 떠났다. 일주일 후, 도시는 공산주의자들의 손에 넘어갔다.

그리스도인이 되다

1949년 상하이를 떠나기 전까지 내 인생에서 가장 중요한 사건은 1948년 크리스마스를 며칠 앞둔 어느 날 내가 그리스도인이 된 것이다.

직계 가족 중 어머니가 그리스도인이었음을 기억한다. 하루해가 다하면 어머니가 가족들을 불러 모아 함께 기도하곤 했던 기억이 남아 있다. 언젠가 동생 버터와 싸운 날, 내 기도 차례가 돌아왔을 때 나는 하나님께 버터를 혼내 달라고 기도했다. 나는 자라면서 두려운 마음이 들거나 어떤 필요가 생겼을 때 기도하곤 했다. 지금 생각해 보면 그 기도의 대상은 어머니의 하나님 또는 일반적으로 말하는 신이었다. 그때까지 나는 기도하는 법을 배워 본 적이 없었다. 아버지는 어머니가 하나님과 직통 라인을 가지고 있다고 종종 말씀하셨는데, 어머니는 기도하고 바로 하나님의 응답을 직관적으로 알았다고 한다.

나는 그리스도인이 되기 전까지 '예수의 이름으로' 기도하는 것도 몰랐다. 전통적으로 중국의 신 개념은 매우 모호하다. 중국인들은 옥황상제라 불리는 신을 믿었는데, 그를 폭군이라기보다는 자비로운 존재로 생각했다. 실제로 옥황상제는 중국어로 '하늘에 계신 노인'으로 지칭되기도 했다.

어머니의 신앙

어머니에 대해 기억나는 것 중 하나는 어머니가 크리스마스를 보내는 방식이다. 크리스마스가 돌아오면 어머니는 오전 반나절 동안 기도하셨다. 정확히 반나절이었는지는 잘 모르겠지만 아무튼 긴 시간 동안 기도하셨다. 그러고 나서 우리에게 찬송가와 크리스마스 음악을 들려주셨다. 그 후에야 우리는 문을 걸어 잠가 놓았던 방에 들어가 크리스마스 선물을 만져 볼 수 있었다. 어머니가 예수님의 탄생이나 생애에 관한 이야기를 한 적이 있었는지는 잘 기억나지 않는다. 사실 어머니가 우리에게 성경을 읽어 준 적이 있었는지조차 기억나지 않는데, 이것은 매우 이상하게 생각된다. 왜냐하면 최근 몇 년 사이 동생 버터와 나는 어머니가 웰즐리칼리지 Wellesley College에 입학하기 위해 다녔던 월넛힐스쿨 Walnut Hill School에서 자신이 어떻게 중국에서 그리스도인이 되었는지에 관해 쓴 글을 몇 편 찾았기 때문이다.

어머니는 열세 살 때 그 집안의 가장이었던 삼촌 덕에 쑤저우 蘇州시에 있는 기독교 학교 로라헤이굿메모리얼스쿨 Laura Heygood Memorial School에 다니게 되어 남자아이들처럼 교육을 받을 수 있었다. 내가 아는 한 당시 중국에는 여학교가 없었다. 여자는 현모양처가 되기 위한 훈련을 받는 것이 교육의 전부였던 시절이다. 여자에게 글 읽기를 가르친다고 하더라도 어디까지나 후순위였다. 어머니는 이모들에게 읽는 것을 배웠고, 매우 명석한 어머니를 아끼던 삼촌이 어머니를 로라헤이굿메모리얼스쿨에 입학시켰다. 그리고 그 학교에서 2년 동안 공부하며 어머니는 그리스도인이 되었다. 그렇지 않았다면 어머니는 그 학교를 졸업할 수 있었을 것이다. 어머니가 월넛힐스쿨에서 자신의 어린 시절에 관해 쓴 글에 따르면, 삼촌은 어머니가 그리스도인이 되었다는 사실을 알고 몹시 실망하여 '벌'로 갑자기 학교를 그만두게 했다고 한다. 어머니 역시 무척 실망했다. 왜냐하면 그 학교는 어머니가 교육받은 곳이기도 하지만 하나님을 만난 곳이기도 했기 때문이다.

당시 어머니가 남긴 몇 편의 글들에 의하면, 어머니는 예수님 대한 믿음이 확실한 그리스도인이었음이 분명하다. 다른 중국 사람들처럼 기독교의 가르침이 윤리적인 면에서 우수했기 때문에 예수를 따른 것이 아니라 하나님을 알고 하나님과 인격적 관계를 맺고 있었다. 어머니의 삶이 그것을 증명해 준다. 어머니의 친구들은 어머니가 한 인간으로서 여성 지도자로서 얼마나 사람들에에 존경을 받았는지 말해 주었다. 그리고 누구보다 어머니를 잘 아는 아버지는, 우리도 어느 정도는 알고 있었지만, 늘 어머니의 기도 생활에 대해 말씀하셨다.

어머니는 교육을 신뢰하는 분이었다. 그러나 말년에는, 아무 교육도 받지 않은 농부 처녀 잔 다르크Jeanne d'Arc가 하나님의 계시를 받고 오직 믿음으로 1429년 영국과의 전투에서 프랑스를 승리로 이끌었던 삶에 깊이 빠져들어 믿음을 최우선으로 생각했다. 내 생각에 어머니는 하나님이 개입하시면 교육을 포함한 인간의 모든 노력이 무력해지며, 오직 믿음만이 유효하다는 신앙에 매료되었던 것 같다. 잔 다르크에 대한 이해와 생각을 쓴 어머니의 글은 분실되어 찾지 못했다.

또 하나 내가 꼭 말해야 할 것이 있다. 어머니는 감리교 교인이 었는데, 당시 감리교 감독 주유우Zhu You Yu에게 자녀들 모두 유아 세례를 받게 하고 영어 이름을 지어 주었다. 성경에서 따온 우리 네 형제의 이름은 각각 순서대로 폴, 필립, 나는 데이비드, '버터'라고 불린 막내는 제임스였다.

월넛힐스쿨에 다닐 때 어머니가 코난트Miss Conant 선생님에게 보낸 편지가 남아 있는데, 그 편지에는 사촌 두 명이 그리스도인이 되자 "사랑하는 주님을 함께 사랑하는"데에서 온 어머니의 행복이 잘 표현되어 있다. 기쁨에 도취된 어머니는 우리 가족 모두뿐 아니라 모든 중국인을 회심시키기 위한 운동의 시작을 볼 수 있다면 영원히 행복할 것이라고 쓰셨다.

그런데 이상하게도 나는 어머니와 함께 교회에 갔다거나, 어머니가 성경이나 다른 기독교 서적을 읽어 준 기억이 잘 나지 않는다. 어머니가 전혀 그렇게 하지 않았다는 말이 아니라 단지 기억이 잘

나지 않는다는 말이다. 어머니는 구어체로 좀 격이 떨어지게 번역된 중국어 성경을 문어체로 품위 있게 번역하고 싶은 꿈을 가지고 있을 정도로 신앙심이 깊었다. 그러나 불행히도 그 꿈을 실현시킬 만큼 오래 살지 못했다.

1931년 12월에 어머니가 돌아가신 뒤 아버지는 몇 차례 더 교회에 나가시고는 더 이상 나가지 않으셨다. 내가 그리스도인이 되고 한참 지나서 알게 되었지만, 아버지는 기독교의 원죄 개념에 동의할 수 없었다고 한다. 그도 그럴 것이 중국에서 죄sin 개념은 범죄crime 와 동의어였기 때문이다. 종교와 기독교에 관한 토론을 할 때마다 아버지는 "나는 범죄자criminal가 아니란 말이다!"라고 하셨다. 아버지는 예수를 유일한 구원의 길이라고 하는 요한복음 14:6에 대해 '모든 길은 로마로 통한다'고 하는 말과 마찬가지라며, 기독교는 편협한 종교라고 하셨다. 내 생각에 모든 절대 진리는 매우 '좁고' 제한적이거나 경계선이 있다. 2 더하기 2는 3이나 5가 되지 않고 항상 4다. 로마로 통하는 모든 길에도 한 가지 공통점이 있다. 모두 로마 방향을 가리키고 있어야 한다! 예수님은 "내가 곧 길이요 진리요 생명이니 나로 말미암지 않고는 아버지께로 올 자가 없느니라"(요 14:6)고 하셨다. 그것은 매우 좁은 관점이라고 말할 수 있을지 모른다. 그러나 우리는 그가 진리를 말씀하셨음을 알고 있다.

어쨌든 어머니가 돌아가신 1931년 12월 이후 우리는 어머니로부터 받았던 기독교의 영향력으로부터 완전히 멀어졌다고 할 수 있다. 우리는 제2차 세계대전이 끝날 때까지 더 이상 기독교에 노출되지 않았다.

나의 회심

1946년 나는 미국 남·북침례교협의회의 지원으로 세워진 상하이 대학 2학년에 등록했는데, 이 대학에서는 미국 선교사와 중국인 교수와 교사 들이 가르치고 있었다. 내가 처음으로 교회에 마음이 끌린 것은 설교가 아니라 음악 때문이었다. 나는 어디에서도 찾을 수 없는 마음의 평안을 교회에서 얻었다. 그래서 자주 교회에 나갔는데 여전히 설교보다는 음악 듣는 것이 좋았기 때문이었다. 얼마 지나지 않아 나는 교회 합창단에 합류했고, 대학 교회의 일원으로 점점 여러 활동에 참여하게 되었다. 물론 설교자의 말씀도 듣긴 했지만 아직 진짜 그리스도인은 아니었다. 나는 성경에 기록된 기적들을 믿을 수 없었다. 그래서 '이 많은 기적 중 하나만이라도 입증된다면 기꺼이 모든 기적을 받아들이리라' 생각했다. 그리고 1948년 크리스마스 며칠 전 어느 날 기숙사에서 생긴 일은 나의 전 인생을 바꿔 놓았다.

나는 내가 있던 방의 건너편 방에서 들려온 시끄러운 소리 때문에 한밤중에 잠에서 깼다. 그것은 누군가가 같은 반의 내 친구를 부르는 소리였다. "깜둥아! 깜둥아!" 피부가 가무잡잡한 남중국 출신 친구의 별명이었다. 그는 육상선수였고 우리는 함께 농구를 하기도 했다. 나중에 안 일이지만, 그가 잠을 자면서 신음을 했고, 룸

메이트들이 그를 큰 소리로 불러도 깨어나지 않자 그가 자던 이층 침대를 쿵쿵 치기도 했다. 그래도 그는 깨어나지 않았다. 그를 만져 보니 몸이 얼음장처럼 차갑고 막대기처럼 뻣뻣했다. 그래서 그들은 도움을 청했다.

이런 세세한 이야기는 나중에 들어서 알게 된 것이다. 나는 이렇게 법석을 떠는 상황이라면 뭔가 크게 잘못된 것이라는 불길한 생각이 들었다. 얼른 가운을 걸치고 뭔가 도움을 주기 위해 그의 방 쪽으로 걸어가며 나는 아주 단순한 기도를 드렸다. "주님, 지금 뭐가 잘못된 건지 잘 모르겠지만, 제발 도와주세요!" 그의 방으로 가면서 이런 생각을 했다. '이 기도가 이루어질 수 있을까?'

내가 있던 기숙사는 정해진 시간 이후에는 복도의 불만 켜 두고 모두 불을 껐다. 그가 자는 방문이 조금 열려서 이층침대에 빛이 비치고 있었다. 나는 어두운 방에서 나와 복도의 밝은 빛에 눈을 적응시키기 위해 한쪽 눈을 감았다. 그런데 침대에서 갑자기 그가 벌떡 일어나 앉는 것이 보였다. 그 순간 두 개의 성경 말씀이 내 마음에 들려왔다. 둘 다 예수님이 하신 말씀이었다. 하나는 베드로에게 하신 말씀이다. 예수께서 물 위를 걷는 것을 보고 베드로는 자신도 그렇게 하고 싶었다. 베드로는 예수님의 명에 따라 배에서 나와 물 위를 걸었다. 그러나 파도가 밀려오자 두려움에 사로잡혀 물에 빠졌다. 베드로가 "주여, 나를 구원하소서!"라고 외치자 예수님이 즉시 손을 내밀어 그를 붙잡아 주셨다. 이때 하신 말씀이 "믿음이 작은 자여, 왜 의심하였느냐"(마 14:31)다. 다른 성경 구절은 예수님이 도마에게 하신 말씀이다. 예수님이 부활하셨을 때 도마는 그것을 믿을 수 없었다. 그래서 "내가 그의 손의 못 자국을 보며 내 손가락을 그 못 자국에 넣으며 내 손을 그 옆구리에 넣어 보지 않고는 믿지 아니하겠노라"(요 20:25)고 했다. 여드레가 지나 예수님이 다시 나타나 도마에게 "네 손가락을 이리 내밀어 내 손을 보고 네 손을 내밀어 내 옆구리에 넣어 보라. 그리하여 믿음 없는 자가 되지 말고 믿는 자가 되라"(27절)고 하셨다. 이때서야 도마는 "나의 주님이시요 나의 하나님이시니이다"(28절)라는 고백을 한다. 그러자 예수님이 도마에게 말씀하셨다. "너는 나를 본 고로 믿느냐 보지 못하고 믿는 자들은 복되도다"(29절).

이 말씀들이 나에게 임했다. 그리고 난생처음으로 나를 압도하는 죄에 대한 자각, 즉 불신과 회의의 죄가 너무도 명백하다는 사실이 마음속에 확신으로 밀려들었다. 사실 이때까지는 어떻게 보면 나도 아버지와 매우 닮아 있었다. 대개의 유학자들이 그런 것처럼 우리는 도덕적인 삶을 살려고 노력했고, 그렇게 사는 것을 성공으로 여겼으며, 그것으로 자부심을 느꼈다. 인간적으로 볼 때는 그리 나쁜 사람이 아니었다. 그러나 성경은 다르게 말했다. "의인은 없나니 하나도 없으며"(롬 3:10), "모든 사람이 죄를 범하였으매 하나님의 영광에 이르지 못하더니"(23절). 위대한 옛 선지자 이사야는 하나님의 의로우심에 비해 "우리는 다 부정한 자 같아서 우리의 의는 다 더러운 옷 같으며 우리는 다 잎사귀같이 시들므로 우리의 죄악이 바람같이 우리를 몰아가나이다"(사 64:6)라고 격정적으로 선언한다.

그 순간 나는 죄에 대한 자각과 확신에 충격을 받아 친구에게 가서 뭔가 도움을 주려 했던 원래 의도와 달리 발걸음을 돌려 내 방으로 돌아왔다. 그리고 무릎을 꿇고 내가 믿음이 없었으므로 죄인이었으며, 구원받아야 할 존재임을 고백했다. 나는 후회와 걱정과 불안에 휩싸여 평안이 없는 상태였다. '왜 의심하느냐'는 말씀으로 끊임없이 내 가슴을 두드린 나머지 "보지 못하고 믿는 자들은 복되도다"라는 말씀을 확실하게 인정할 수 있게 되었다. 처음에는 절망적이었고 전혀 자유함이 없었다. 그러나 사흘째 되던 날, 기도하는 중에 별안간 형언할 수 없는 기쁨이 내 영혼에 넘쳐흐르면서 내가 용서받고 구원받았다는 사실을 알게 되었다. 돌이켜 보면, 인간이 얼마나 집요하게 자기 면류관에 매달려 그 자리에 하나님이 들어오시지 못하게 거부하는지를 깨우친다는 것은 정말로 큰 은혜였다. 하나님께서 "독생자를 주셨으니 이는 그를 믿는 자마다 멸망하지 않고 영생을 얻게 하려 하심"(요 3:16)이다.

내가 빛 가운데로 들어온 후 친구 '깜둥이'에게 내가 겪은 일을 이야기했는데 그는 별 반응을 보이지 않았다. 그는 기독교 가정에서 자랐지만 나처럼 그리스도와 개인적인 진정한 만남이 없었던 것 같다. 나 역시 어머니가 그리스도인이고 내게도 유아세례를 받게 하셨기 때문에 종교를 기재하는 서류나 누군가 종교를 물어 오면 늘 '기독교'라고 답했었다. 그러나 나는 그날 밤 진정으로 하나님을 만났고, 그리스도인이 되었다. 나는 내 친구 '깜둥이'에게 일어난 일을 하나님이 나를 위해 일으키신 것이라고 결론 내렸다. 그리고 1949년 봄, 공산당이 상하이시를 점령하기 직전에 침례를 받았다. 상당수 사람이 내가 이미 그리스도인인 줄 알았다가 그제야 세례받는 것을 보고 의아하게 생각했다.

5개월 뒤 상하이는 공산주의자들 손에 넘어갔다. 앞에서 말했듯이 나는 마지막으로 캠퍼스를 떠났다. 내가 알고 있었던 상하이 대학교는 영원히 사라졌다. 공산당이 우리 대학에 심어 놓은 대표 요원은 신입생 중 한 명이라는 소문이 돌기도 했지만, 결국 모두가 리더라고 생각했던 물리학 교수가 전면에 모습을 드러냈다.

하나님의 인도하심

그해 여름 제3차 침례교세계청년대회가 스웨덴의 스톡홀름에서 열렸는데, 우리 대학에서는 교목을 포함해 총 세 명이 참석하게 되어 있었다. 그러나 중국의 정치 상황으로 인해 교목과 다른 학생은 참석하지 못했다. 나는 그때 이미 미국 텍사스주 웨이코에 있는 베일러 대학교의 대학원에 장학생으로 입학해 경영학을 공부하기로 되어 있었다. 나는 그 일을 위해 기도해 왔었다. 이미 국민당 정부는 대만으로 옮겨 가 있었기 때문에 나는 여권을 받기 위해 광저우廣州로 가야 했고, 미국 비자를 받기 위해 다시 홍콩으로 가야 했다. 그러나 스톡홀름 대회에 참석하려다 보니 미국 영사관에 제출할 비자 서류를 준비할 시간이 충분하지 않았다. 그래서 미완성의 비자 서류를 들고 스톡홀름으로 가서 청년대회에 참석하는 동안 서류를 완성했다.

사실 대형 여객기를 타고 홍콩에서 서쪽으로 비행해 스톡홀름까지 도착하기 위해 양곤, 바레인, 알렉산드리아와 런던을 거쳤지만 제네바의 ILO에서 일하는 형 폴이나 런던에 있는 동생 버터를 만날 수는 없었다. 제네바에서 런던으로 가는 비행기에서 나는 한 미국 교수를 만났는데, 그는 내가 미국으로 가려 한다는 이야기를 듣고는 미국 대사관의 제1정치비서 이름을 알려 주면서 꼭 그를 찾아보라고 했다. 나는 영문을 몰랐지만 시간이 조금 났을 때 그를 찾아가 사무실에서 잠시 만났다. 그리고 그날 저녁, 번화한 길모퉁이에서 스웨덴 형제들이 나에게 어떻게 그리스도인이 되었는지 개인적인 간증을 해 달라고 요청했다. 우리는 큰 호텔 같은 빌딩 옆길 한쪽에서 이야기하고 있었는데, 누군가 내 어깨를 두드렸다. 대사관의 바로 그 사람이었다! 그가 마침 그 빌딩에 살고 있었고, 길모퉁이에서 우리가 이야기하는 소리를 듣고는 무슨 일인지 내려왔던 것이다. 이렇게 해서 내 미국 비자는 스웨덴의 미국 대사관에서 며칠 사이에 빠르게 승인되었다. 하나님은 정말 놀라운 방법으로 일하고 계셨다!

 스톡홀름에서 대회를 마치고 며칠 뒤 나는 뉴욕으로 날아갔다. 케네디공항에서 형 필립의 아내 에스더Esther와 그 아들 어니Ernie를 만나 당시 그들이 살던 롱아일랜드의 큐가든에서 일주일 정도 머물렀다. 그리고 경영학 공부를 위해 텍사스주 웨이코에 있는 베일러 대학교로 향했다.

나의 조상

친가

아버지는 3남 5녀 중 다섯째였는데, 세 아들 중 아버지만 살아남았다. 형은 여덟 살 때, 남동생은 열여덟 살 때 사망했다. 바로 밑 여동생은 열다섯 살 때, 그리고 아버지와 가장 가까웠던 큰누나는 스물두세 살쯤 사망했다. 그녀는 웡P. K. Wong과 결혼했는데, 4년 뒤 남편이 결핵으로 사망했고 그녀도 결핵에 걸려 다음 해에 사망했다. 둘째 누나는 탕Tang 씨와 결혼했으나 남편이 장티푸스로 사망하여 스물다섯 살 때 과부가 되었다. 그녀는 슬픔에 잠겨 종교에서 위로를 구했는데, 도교와 불교에 심취했다. 나중에 아버지가 돌아가시자 어머니(나의 할머니)를 종교에 귀의시키기도 했다. 이 고모는 마흔여덟 살까지 살았다. 고모는 체구가 꽤 컸는데 아마도 심부전으로 사망한 듯하다. 고모가 돌아가실 때 침대머리 쪽이 거의 90도로 세워져 있었던 기억이 난다.* 내가 임종을 기억하는 유일한 가족의 죽음이다. 의사였던 작은 고모가 임종을 지켰다.

아버지의 바로 위 누이 팅팡 Ting Fang 은 아버지보다 세 살 많았다. 팅팡은 스물두 살 때 처음 학교에 갔는데 수공예를 전공으로 배웠다. 학교를 3년 만에 졸업하고 거기서 2년 동안 수공예를 가르쳤다. 그리고 계속해서 광저우에 있는 여자 사범대학에서 6년, 안후이安徽 여자 사범대학에서 3년 동안 수공예를 가르쳤다. 팅팡은 건강이 좋지 않았는데, 열과 기침이 잦았던 걸 생각하면 결핵에 걸렸던 것 같다. 그녀는 1931년에 그리스도인이 된 후 톈진天津에 있는 고아원의 원장이 되었다. 1934년 아버지가 방문했을 때, 고모는 기침도 하지 않고 건강한 모습으로 자신의 건강이 기도를 통한 기적적인 치유의 결과라고 말했다. "어느 날 저녁 열 시쯤 기도하던 중에 태양처럼 밝은 빛이 나를 비추는 걸 보았어요. 그때 따뜻하고 편안함을 느꼈는데, 그 경험 이후 기침이 사라지고 체중도 늘어났어요."

공산주의자들이 중국을 점령한 후 고모는 내과 의사인 여동생과 함께 살기 위해 상하이로 돌아왔다. 그녀는 평생 결혼하지 않고 살다가 1968년 83세의 나이로 돌아가셨다. 내가 기억하는 아버지의 누이는 세 사람인데, 한 분은 고아원 원장이었고 다른 한 분은 의사였다. 이들 중 장수한 두 사람은 모두 그리스도인이었고 미혼으로 살았다.

• 심부전에 걸린 사람은 반듯이 누우면 숨이 차기 때문에 앉아 있게 된다.

아버지의 막내 누이(나의 작은 고모) 창야 Chang Ya는 산과와 소아과를 전공한 의사였다. 그 당시 극동 지방의 유수한 의과대학이었던 베이징 협화의과대학 Peking Union Medical College을 졸업하고, 그녀의 친구이자 멘토였던 신실한 그리스도인 의사 팅 Ting의 도움으로 바버라장학금 Barbara Scholarship을 받고 미시간 대학교 의과대학에서 수련했다. 작은 고모는 평생 상하이에서 의사로 살았다. 우리 형제들은 아버지 형제 중 이 작은 고모가 가장 훌륭하다고 생각했다. 어머니가 돌아가신 뒤 작은 고모는 나를 특별히 보살펴 주었는데, 미열이 자주 나자 고모는 내가 결핵에 걸리지 않았을까 걱정했다. 언젠가는 나를 병원에 데려가 함께 살기도 했다.

고모는 의사 팅의 영향을 받아 그리스도인이 되었고, 평생 결혼하지 않았다. 고모의 마지막 편지에는 주일날 교회에 다녀와서 기쁨에 넘치는 마음이 표현되어 있었다. 작은 고모는 100세까지 장수하고 상하이에서 돌아가셨다. 우리는 아버지 형제자매 중 가장 어린 고모를 '작은 고모'라고 불렀다. 나는 1982년에 '작은 고모'를 다시 만날 기회가 있었는데, 고모는 내가 살았던 바로 그 집에 살고 계셨다. 그때 나는 미국장로교에서 난징 南京에 안과 병원을 세우는 계획에 대한 타당성 조사를 위해 파견된 팀의 일원이었기 때문에, 아쉬웠지만 더 머물 수가 없었다. 당시 중국은 성경이 귀해서 서로 외우고 있는 성경 말씀을 구전으로 나누는 형편이었다. 나는 가져간 성경 한 권을 작은 고모에게 건네주었다.

나는 친가 쪽 조부들에 대해서는 비교적 잘 기억하고 있다. 그들은 조상의 고향인 황푸강 동쪽 조그만 마을 챵샤川沙縣에 살았는데, 상하이에서 약 20킬로미터 떨어져 있어서 인력거로 한나절이 걸리는 거리였다. 할아버지는 키가 컸고 푸만추 Fu Manchu 수염*을 기르고 종종 빵모자를 쓰셨다. 우리 집에 오면 우리를 팔에 안고 다니셨다. 그는 정식 교육을 받은 적 없는 분이었지만, 할아버지가 돌아가셨을 때 어머니는 "친정아버님이 돌아가셨을 때보다 더 마음이 아프구나, 정말 좋은 분이셨는데…"라고 하셨다.

할머니는 키가 작고 통통하셨다. 말씀이 별로 없는 편이었지만 늘 우리를 챙기고 음식을 준비해 주셨다. 아버지는 할아버지에 대해서는 별말씀이 없으셨지만 할머니에 대해서는 늘 칭송했다. "어머니가 안 계셨으면 지금의 나는 없었을 거야." 할머니는 유학자였던 외가의 삼촌 리 Lee 처럼 아들을 교육시키기 위해 아버지를 일곱 살 때 상하이로 보낼 정도로 용감하고 야망이 있었으며 현명함과 선견지명을 가진 매우 단호한 분이었다. 자녀 교육에서도 엄했지만 체벌을 한 번도 하지 않았고, 잘못된 길로 간 아이도 없었다. 어머니는 결혼하고 3개월 동안 할머니와 함께 살았는데, 그때 아버지에게 이런 말을 했다고 한다. "당신 어머니만큼 능력 있는 분을 본 적이 없어요." 교육 수준이 높은 지식인 가문에서 온 며느리에게 들을 수 있는 최대의 찬사였다!

• 양쪽 입가에서 난 수염을 수직으로 늘어뜨리고 위아래 입술의 수염은 면도한 중국 스타일 수염.

외가

외할아버지와 외할머니에 대한 추억은 별로 없다. 자신이 점지해 놓은 약혼을 파기하고 아버지와 결혼한 어머니에게 화가 난 삼촌이 어머니 이름을 가문에서 빼 버렸기 때문에 나는 외가에 갈 기회가 없었다. 삼촌은 지역 신문에 광고까지 내서 어머니에게 치욕을 주려 했지만 외할아버지가 말렸다고 한다. 그러나 우시无锡의 친정집에 오는 것은 금했다.

어머니는 외할머니의 회갑 때 비로소 아버지와 함께 친정에 갈 수 있었고, 부모님은 거기서 일주일 내내 머무르며 가족들과 분명 화목하게 지냈다. 삼촌의 분노는 누그러져 있었지만, 아버지는 그와 마주치지 않으려고 조심했고, 삼촌 또한 그랬다. 형 폴과 필립은 외가에 가 본 적이 있는 것 같은데 나와 버터는 가 본 적이 없다. 그러나 외할아버지와 외할머니는 상하이의 우리 집에 종종 오셨다. 외할아버지는 중간 이상의 키에 조용한 분이었고, 외할머니에 대한 기억은 별로 나지 않는다.

어머니는 유명한 학자 집안 출신이다. 우시의 후Hu 가문은 가계도를 따라 올라가면 1천 년 전 송나라 시대까지 간다. 어머니는 3남 7녀 중 둘째(큰딸)였다. 삼촌 셋 모두 미국에서 공부했는데, 둔후Dun Fu는 코넬 대학교에서 밍후Ming Fu와 강후Gang Fu는 하버드 대학교에서 각각 수학, 물리학, 실험과학으로 박사학위를 받았다. 둘째인 밍후는 하버드 대학교에서 중국인으로는 처음 박사학위를 받았고, 중국과학학회 the Chinese Society for Science 를 설립하고 많은 학술논문을 발표했다. 밍후는 어렸을 때 '자기의 세계'에 파묻혀 지내는 성향 때문이었는지 그리 명석해 보이지는 않았다고 한다. 그래서 가족들도 처음에는 학자가 되기보다 장사를 하는 것이 좋겠다고 생각하고 그를 상업학교에 보냈다. 그는 할머니가 매우 아끼는 아들이기도 했다. 그러나 불행히도 그는 1927년 38세의 나이에 집 근처 강물에서 수영하던 중 익사하고 말았다. 사고가 강의 위험한 저류 때문이었는지 아니면 다리에 경련이 발생했기 때문이었는지는 밝혀지지 않았다. 하지만 그는 수영을 무척 즐겼고 잘했다고 한다.

어머니의 형제들은 미국에서 공부하는 중국인 사이에서 잘 알려져 있었다. 아버지도 어머니를 만나기 전에 이미 이 형제들에 대해 들어서 알고 있었다. 딸 중에서는 유일하게 어머니만 미국에서 공부했다. 이 가문의 많은 이들이 평생 교육 현장에서 일했다. 상하이 철도 남역 근처에 중·고등학교가 딸린 다통 대학교 大同大學校 를 시작한 것이 바로 이 후 가문이고, 후 가문의 많은 조카와 남녀 사촌들 대부분이 여기서 일하거나 가르쳤다.

우리는 상하이의 프랑스 군부대 가까이에 있는 프랑스인 거주지에 살았다. 당시 상하이는 중국, 프랑스, 영국, 미국, 일본이 분할해 지배하고 있었다. 어떤 프랑스 병사들은 우리 집 문 앞을 지나가며 안에서 놀고 있는 우리를 보고 종종 '봉 주르!' Bon jour! 하고 정중하고 다정하게 인사하곤 했다. 나는 동생 제임스에게 "봤지? 저 사람들이 내 이름을 알고 있어!"라고 말했다. 프랑스말 '봉 주르'가 상하이 사투리로 된 내 이름 '바오샨'Bao Shan과 거의 비슷하게 들렸기 때문이다. 형제간의 경쟁이 너무 심해서 그런 사소한 농담으로라도 동생이 갖고 있지 않은 걸 내가 가졌다고 생각하며 흡족해했다!

어머니가 돌아가신 뒤 아버지는 재혼하셨다. 그 후 라파엣 477가(지금의 푸신)로 이사했다. 프랑스공원(지금의 푸신공원) 근처의 3층 벽돌집이었는데, 아버지는 새어머니의 딸 셋과 함께 2층에 살고 우리 네 형제는 3층에 살았다. 앞에서 말했듯이 1982년 미국장로교 선교회 일행과 함께 난징에 안과 진료소 설립을 타진하기 위해 중국에 갔을 때 상하이에 있는 바로 이 집에 들러 '작은 고모'를 만났다. 당시 작은 고모는 다른 사람들과 함께 살면서 2층의 방 몇 개만을 사용하고 있었다. 옛날을 생각하며 조금 안타까운 마음도 들었다. 지금은 작은 고모가 돌아가시고 작은 고모가 입양한 룬Bao Lun이 그 집에 살고 있다. 그는 의사였는데 심장 혈관이 막혀 개흉수술을 받은 적이 있다. 중국인으로 평생 중국에 산 사람이 어떻게 그런 병이 생겼느냐고 묻자 "돼지기름으로 튀긴 음식을 먹기 때문"이라고 대답했다.

주보선의 아버지와 어머니.

부모님과 우리 네 형제

만남과 결혼

어머니는 당시 중국에서 차양 모자를 쓰는 몇 안 되는 여인 중 하나였다. 나는 아직도 고풍스러운 녹색 모자를 쓴 어머니가 나를 무릎에 앉힌 채 방 안 가득한 여자들과 명랑하게 웃으며 담소하고 있는 사진을 기억한다. 하지만 어머니는 우리가 잘못을 저지르면 언제든 단호하게 꾸중을 했다. 이와 관련해 특별히 지금까지 기억에 남아 있는 일이 있다.

우리는 베이징 협화의과대학 교직원들이 많이 살던 북쪽 구역에 살았는데, 그들은 대부분 서양인이었다. 그들의 아이들과 함께 놀았던 우리는 영어를 읽고 쓰기도 전에 영어로 말할 수 있었다. 우리는 여느 아이들처럼 장난꾸러기 짓을 하면서 놀았다. 남의 집에 몰래 들어가 냉장고에 먹다 남겨 둔 케이크를 먹어 치우기도 했고 종종 행상들이 사탕을 팔러 왔을 때 주머니에 돈이 있으면 바로 사 먹기도 했다. 나는 어머니가 돈을 노란 손수건으로 싸서 침실 화장대 서랍 속에 둔다는 것을 알고 있었다. 어느 날 나는 행상이 오면 사탕을 사 먹으려고 거기에서 돈을 조금 꺼내 바지 주머니에 넣어 두고는 그만 깜박 잊어버렸다. 그날 오후 나는 어머니의 화장대 옆에 있는 흔들의자에 올라가 뒤를 바라보고 무릎으로 앉아서 힘차게 의자를 흔들었다. 그러자 주머니에 있던 돈이 바닥으로 떨어졌다. 어머니는 그 돈이 훔친 것임을 알아차렸다. 어머니는 쇠줄자로 내 엉덩이를 세게 때렸고 그날 저녁밥을 주지 않았다. 나는 그날 어머니가 나를 그렇게 훈계한 것에 감사한다. 결코 남의 것을 훔쳐서는 안 된다는 교훈을 받았기 때문이다. 물론 당시엔 무척 속상했다.

어머니와 아버지는 둘 다 고향이 장쑤성 江蘇省으로 서로 멀지 않은 곳에 살았지만 알고 지내지는 않았다. 어머니는 상하이에서 130킬로미터 정도 거리인 꽤 크고 부유한 휴양 도시 우시에 살았고, 아버지는 지금은 거대 도시 상하이의 일부가 된, 상하이 북서쪽 20킬로미터에 위치한 푸동(황푸강의 동쪽이라는 뜻) 지방의 챵샤라고 하는 작은 마을에 살았다.

아버지는 어쩌면 운명의 장난처럼 중국 정부에 의해 미국에 보내졌다. 아버지가 베이양 대학교 北洋大學校 학생이었을 때 베이징철도역에서 폭발 사고가 났다. 그런데 위안스카이 袁世凱 총리와 중국 정부를 돕던 미국 교육자 테니 C. D. Tenney 박사 사이에 오해가 생겼고, 황제는 테니 박사를 해임했다. 그러나 테니 박사의 그간 기여를 고려해 교장으로서 재정적인 문제나 기타 전반을 감독하는 일과, 같은 반 학생 전체를 미국으로 데려가 교육을 마치도록 하는 것은 허락했다. 이때가 1906년이었다. 반면에 어머니는 청나라(1622-1912) 정부에서 학비 지원을 보장하는 시험을 통과해 1907년에 미국에 가게 되었다.

내 동생 제임스(버터라고 불렀던 동생. 우리 형제들은 서로 별명을 붙였다. 폴은 벨, 필립은 추-추, 나는 별명 없이 그냥 데이비드라고 불렀다)의 매우 꼼꼼한 추적 결과 우리 부모님은 1908년 가을 매사추세츠에서 처음 만났다. 아버지는 하버드 대학에서 공부하던 때였고 어머니는 네이틱 Natick에 있는 월넛힐스쿨에 다니며 웰즐리 대학 입학을 준비하고 있었다. 아버지와 어머니는 1908년 크리스마스 파티와 1909년 여름의 보트 경기 같은 공적인 자리에서 세 번 더 만났다. 어머니가 찰스강 Charles River에서 벌어지는 보트 경기를 관람하자고 남학생들을 초청해서 이루어진 것이 마지막 공적 만남이었다.

부모님의 첫 번째 진짜 데이트는 1909년 6월 24일 의도하지 않은 상황에서 이루어졌다. 주말에 그해 하버드 대학 졸업식 예행 연습을 했는데, 아버지의 룸메이트였던 마Ma라는 졸업생이 중국인 학생을 대표해서 어머니를 초대했다. 그러고는 졸업생이 아니어서 유일하게 바쁘지 않았던 아버지에게 어머니를 챙겨 주라고 부탁했다. 둘은 함께 즐거운 시간을 보냈다. 저녁 무렵 마는 아버지에게 어머니를 바래다주라고 했다.

당시 어머니는 알링턴하이츠 Arlington Heights의 작은 동산에 있는 여름 기숙사에 살고 있었다. 전차로 30분, 걸어서 30분, 그리고 가파른 길을 올라가야 도착할 수 있는 집이었다. 아버지의 자서전은 당시 상황을 이렇게 적고 있다.

"열 시가 넘은 시간이었다. 초인종을 여러 차례 눌렀으나 아무 반응이 없었다. 그래서 베란다에 앉아 기다리기로 했다. 매우 조용하고 달은 환하게 비치고 있었다. 펑샤는 이야기도 하고 웃기도 하면서 매우 즐거워했다. 그녀가 갑자기 내 손을 잡으며 '충고 하나 하는데, 너무 이기적이에요!'라고 했다."

그 당시 중국의 관습은 남녀가 손을 잡거나 서로 몸을 만지는 것이 허락되지 않았다. 따라서 아버지는 그 순간 자기를 좋아하는 감정을 최소한의 말로 전한 그녀의 마음을 확신할 수 있었다. 리더십이 뛰어난 한 중국인 남자와 지적이고 아름다운 중국인 여자가 운명처럼 아름다운 달빛 아래 손을 잡고 친밀하게 이야기를 나누고 있었다.

사실 아버지는 어머니를 만나기 전부터 어머니에 대해 들어서 알고 있었다. 난양 대학 南洋大學에 다닐 때 어머니의 큰오빠인 툰 Tun Fu Hu도 함께 다녔기 때문이다. 그리고 얼마 지나지 않아서 그녀를 만나게 되었고 흠모와 사랑이 싹텄다. 그날 밤 어머니가 용감하게 아버지의 손을 잡은 후 아버지는 공개적으로 사랑을 고백할 수 있었다. 아버지는 그날 기숙사 문이 열리기를 기다리는 동안이 "가장 행복한 분위기"였다고 회고한다. 이윽고 동이 틀 무렵 다시 초인종을 눌렀고 문이 열렸다. 어머니가 들어가고 아버지는 언덕을 내려왔다. 아버지는 생애에서 그렇게 행복하고 애틋한 시간은 없었다고 회고한다.

사흘 뒤 아버지는 어머니를 찾아가 청혼했다. 그러나 실망스럽게도 어머니는 이미 중국 전통에 따라 수년 전 부모님이 다른 남자와 결혼을 약속한 상태였다. 중매인은 어머니의 삼촌이었는데 그는 매우 완고하고 비합리적인 사람이었다. 어머니는 그 약혼을 결코 파기하지 못하리라는 사실을 알고 있었다. 실망한 아버지가 물었다.

"그 남자와 결혼할 거예요?"

"절대 하지 않을 거예요. 평생 혼자 살 거예요. 우리, 결혼하지 않고도 플라토닉한 사랑을 할 수 있잖아요!"

어머니의 강경한 태도를 미루어 볼 때 더 이상 결혼에 대한 희망은 없어 보였다. 그러나 아버지는 전투적인 정신을 발휘해 절대로 포기하지 않고 어머니를 아내로 만들겠다고 결심했다. 아버지는 매일 오후 어머니를 방문해서 어머니를 재미있게 할 수 있는 일이라면 무엇이든 했다. 어머니가 테니스를 칠 줄 알았는지 모르겠지만, 아무튼 테니스를 치기도 했다. 해마다 열리는 학생 컨퍼런스가 그해 하트퍼드Hartford의 트리니티 대학에서 열렸다. 그들은 거기에 함께 참석했다. 당시 중국학생연합 Chinese Student Alliance의 회장으로서 아버지의 활동은 어머니를 충분히 매료시킬 만했다. 그런데 행진하던 한 학생이 "T. C. Chu, 포샤의 열렬한 구혼자"라고 쓰인 팻말을 들고 있었다. 포샤Portia는 셰익스피어의 희곡 『베니스 상인』에 나오는 아름답고 현명한 여자 주인공 이름이다. 어머니는 그해 중국인

연감 Chinese Annual의 편집장이 되었다. 아버지의 뒤를 이어 쿠 William Koo 박사가 중국학생연합의 회장이 되었는데, 그는 나중에 주미 대사가 되었다.

하버드 대학 경영학과 마지막 해였던 1910년 가을부터 1911년 5월까지 아버지는 매주 토요일 오후면 웰즐리로 가서 어머니와 함께 저녁 시간을 보냈다. 이렇게 사랑이 깊어지자 어머니는 1911년 봄방학 때 집에 편지를 보내 약혼을 파기하고 아버지와 결혼하겠다고 알렸다. 예상대로 편지는 우시의 가족들을 격노하게 만들었고, 삼촌은 어머니를 가문에서 추방한다는 신문 광고를 내려고 했다. 다행히 부모님의 만류로 그렇게 하지는 않았지만 고향 집에는 돌아오지 못하도록 결정했다. 어머니는 그 소식을 듣고 울었다. 그러나 한편으로는 가장 중요한 문제가 해결된 것을 기뻐했다. 어머니와 아버지는 약혼을 「월간 중국학생회보」에 광고했고 수많은 축하를 받았다.

1912년 말 청나라 왕조에 대한 혁명이 시작되었는데, 아버지의 친한 친구이자 후원자였던 왕 C. T. Wang 박사가 탕사오이 唐紹儀 내각의 상공부 장관으로 입각했다. 그는 아버지를 상공부 장관의 자문관으로 임명했고, 아버지는 어머니와 의논한 끝에 그 자리를 받아들이기로 하고 즉시 중국으로 돌아왔다. 그때가 1912년 5월이었다.

어머니는 학교를 졸업하고 1913년에 귀국해 베이징에서 결혼식을 올리기로 했지만 미국에 1년 더 머물기로 하는 바람에 그 계획은 무산되었다. 그 이유는 어머니가 워싱턴에서 열리는 '어린이복지대회'에 중국 대표로 참석하고 싶어 했고, 미국의 여자들이 교육이나 상공 분야에서 어떤 역할을 하는지 더 연구하고 싶어 했기 때문이었다. 아버지는 매우 실망했다. 자신이 미국에 갈 기회를 얻지 못하면 결혼을 하기 위해 1년을 더 기다려야 했다. 그런데 아버지가 샌프란시스코에서 열리는 세계박람회의 중국 책임자로 임명되면서 미국행이 실현되었다.

아버지는 1913년 크리스마스에 미국에 도착해 어머니에게 샌프란시스코로 와 달라고 전보를 쳤다. 어머니는 12월 31일에 샌프란시스코로 왔고, 이틀 뒤인 1914년 1월 2일 샌프란시스코만 건너편 오클랜드에 있는 한 목사의 집에서 그의 주례로 결혼식을 올렸다. 주중 총영사 오양歐陽과 그의 약혼녀가 증인으로 참석했다. 그때 아버지 나이는 27세였고 어머니는 한 살 아래였다. 어떻게 보면 그것은 완벽한 결합이었다. 둘 다 비록 집안에서 정해 준 약혼을 파기했지만, 서로 첫사랑과 결혼한 것이었다(아버지도 공부하러 떠나 올 때 집안에서 정해 준 약혼을 파기했다).

그들은 행복했을까? 나는 그렇다고 믿는다. 그러나 그것이 서로 다투거나 험한 말을 한 적이 없다는 말은 아니다. 재미있는 것은 비록 자주 있는 일은 아니었지만 두 분이 말다툼을 할 때는 영어를 사용했다는 사실이다. 자녀들이 부모가 무엇 때문에 다투는지 알기를 원치 않았기 때문이었을까? 아니면 다툴 때 나오는 좋지 않은 말들을 자녀들이 배우지 않기를 바랐기 때문이었을까? 어쨌든 우리 네 형제에게 그 시간이 편안한 시간은 아니었음이 틀림없다.

아버지는 편견이 심하고 독단적인 사람이었던 것 같다. 자녀 중에서도 큰아들 폴과 막내인 '버터'를 편애했다. 형제간에 싸우는 날이면 '버터'는 아버지가 퇴근하자마자 아버지에게 달려가 나를 고자질했고, 아버지는 자초지종을 알아보지도 않고 내 엉덩이를 때렸다. 사실 아프지는 않았다. 둘 사이의 터울이 1년 반밖에 되지 않아서 형제간의 경쟁으로 생긴 갈등을 다루는 아버지의 방식이었다. 후일 아버지는 아들들이 훌륭한 성인으로 자란 것에 대해 무척 자랑스러워하셨다.

네 형제

큰형 폴은 1918년 5월 15일생으로 나보다 거의 다섯 살이 더 많았다. 그는 중국과 미국의 여러 대학에서 공부하고 국제연맹the old League of Nations의 ILO 채용 시험에 합격해 25년 동안 스위스 제네바에서 일했다. 1974년 ILO를 떠나서는 미국으로 건너가 뉴저지에 있는 럿거스 대학교에서 10년 가까이(1974-1983년) 노동과 관련된 것들을 가르친 후 은퇴해 플로리다에서 살았다.

둘째 형 필립은 1919년 12월 10일에 태어났으니 나보다 3년 조금 더 위다. 그는 미시간 대학교에서 건축학을 공부한 뒤 뉴욕의 건축회사에 제도사로 들어갔고, 나중에는 그 회사의 동업자 중 한 사람이 되었다. 그는 도서관 건축 디자인에서 탁월함을 보였는데, 브린모어, 프린스턴, 애머스트, 버나드, 웨스트포인트 등에는 아직도 그가 설계한 도서관 건물이 남아 있다.

우리가 항상 '버터'라고 불렀던 막내 제임스는 1924년 9월 26일생이다. 그는 1954년 5월 볼티모어에 있는 존스홉킨스 대학교에서 박사학위를 받았고, 브라운 대학교와 예일 대학교에서 교수로 가르쳤다.

나는 베일러 대학교에서 경영학으로 석사학위를 받은 후 다시 의학 공부를 하고 의사가 되어 1967년 한국으로 가서 20여 년간 의료선교사로 봉사했다.

아버지와 새어머니

아버지

아버지는 간특함이 없는 매우 정직한 사람이었다. 그가 누군가를 좋아하면 훌륭한 사람이었고, 그가 싫어하면 나쁜 사람이었다. 그는 스포츠를 좋아해서 우리 네 형제의 취향이나 재능과 상관없이 우리를 상하이 테니스협회에 등록시켰다. 축구도 좋아해서 우리는 상하이에서 열리는 경기를 보러 가기 위해 자주 짐을 꾸렸다. 그는 또 초콜릿을 좋아했다. 상하이에 캐슬링 Kessling 이라는 유명한 독일 제과점이 있었는데, 크리스마스 때면 가족과 친구들을 위해 나무 껍데기 모양의 초콜릿을 상자째 사 오곤 했다. 그는 영화도 좋아해서 우리에게 영화를 보러 가도록 운전사가 딸린 리무진을 보내기도 했다. 그는 음악도 좋아했다. 특히 오페라를 좋아했지만 따라 부르지는 못했다. 그는 카루소 E. Caruso, 존 맥코믹 J. McCormack, 아멜리타 갈리쿠르치 Amelita Galli-Curci 등 유명한 성악가들의 방대한 그라모

폰 gramophone 음반을 소장하고 있었다. 여러 면에서 우리는 아버지가 좋아하는 것과 싫어하는 것을 물려받았다. 우리는 스포츠 팬이 되었고, 영화를 좋아하게 되었고, 음악 애호가가 되었으며, 초콜릿의 친구가 되었다!

아버지는 극도로 경쟁적이었는데, 아마도 자기 중심성이 강한 타고난 성격 탓이었던 것 같다. 이 덕분에 그는 매우 경쟁적인 중국 사회의 시험 체제에서 생존할 수 있었다. 역사적으로 이 시험은 정부 주도로 수도에서 시행되었는데, 수석인 장원狀元이나 차석인 한림翰林과 같이 좋은 성적을 낸 학자들은 정부의 요직을 맡기도 했다. 새어머니의 삼촌 슝쉬링熊希齡은 한림이었고, 위안스카이 장군의 정부에서 총리를 지냈다. 그러나 아버지가 학교에 다닐 때쯤에는 이런 경쟁적인 시험제도가 전 국가적으로 시행되지는 않고 입학 허가나 장학금 수여를 위해서만 활용되었다. 학적부 기록도 성적순이었는데, 아버지는 거의 항상 맨 윗자리를 차지했다. 이와 달리 미국의 교육제도는 그다지 경쟁적이지 않아서, 아버지는 하버드 대학에서도 중국에서만큼 열심히 공부하지 않아도 되었다고 회상했다.

아버지는 공부 외의 분야에서도 매우 활동적이었다. 자주 학생회의 리더를 맡았고 미국 동부지역 대학교의 중국학생연합회 회장을 맡기도 했다(1909-1910년). 그는 비록 능변가는 아니었지만 여러 방면에 유능해서 학생 때나 그 후 공직사회에서 지도적 위치에 선출됐다.

아버지의 친한 친구 중에는 당시 중국 지도자들도 있었다. 왕

정팅 王正廷*은 국민당의 지도자 중 하나로 청나라에 대한 혁명에 참여하여 공화국 초기에 중요한 역할을 했는데, 칭다오 青島 반환을 위한 일본과의 협상을 위해 파리에 파견되기도 했다. 그는 언변이 유창했고, 중국학생연합회 회장을 아버지보다 먼저 맡았던 인물이다. 구웨이쥔 顾维钧 박사는 왕정팅만큼 아버지와 친한 사이는 아니었지만, 제2차 세계대전 중 중국의 주미 대사를 지냈다. 그 외에도 장제스 총통의 처남이었던 쑹쯔원 宋子文**이나 동서 쿵샹시 孔祥熙*** 박사와도 잘 아는 사이로, 그들 밑에서 일하기도 했다. 아버지는 유명한 쑹 자매****도 잘 알고 있었는데, 쑹아이링 宋藹齡은 쿵샹시 박사와 결혼했고 쑹칭링 宋慶齡은 쑨원 孫文*****과 결혼했다. 장제스는 쑹메이링 宋美齡과 세 번째 결혼을 했다. 아버지 자서전에는 쑹아이링이 아버지에게 "당신 아내 대단한 사람인 거 아시죠?"라고 말했다고 나와 있다. 아버지가 쑹 가문의 자매들과 쿵 박사를 알고 지낸 것은 분명하다.

- • 중화민국의 외교관이자 정치인. 북양정부와 국민정부에서 두루 요직을 지냈으며 북양정부의 국무총리대행을 지냈다.
- •• 중화민국의 외교관이자 재정가, 은행가이며 정치인 겸 대학교수. 쑹 자매의 형제.
- ••• 중국에서 가장 부유한 은행가이자 관료 겸 저술가.
- •••• 현대 중국의 정치·경제·역사에 매우 큰 영향을 끼친 세 자매. 중국의 경제력을 장악한 아이링, 사랑을 위해 모든 것을 희생하고 신중국 건설의 혁명 대열에 나선 칭링, 남자 못지않은 배짱으로 국제정치 무대에서 빛을 발한 중국 권력의 최고봉 메이링 등 중국의 실세였다. 이들이 여인으로서 난세를 헤쳐 나가는 이야기는 1997년 〈송가황조〉라는 영화로 만들어지기도 했다.
- ••••• 중국의 외과 의사이자 정치가이며 신해혁명을 이끈 혁명가. 중국 국민당의 창립자.

아버지가 장제스를 만난 일이 있었는지는 확실하지 않다. 그러나 아버지는 장제스 총통에 대해, 그가 후일 재능 있는 사람보다는 '예스맨'들을 주변에 둔 것이 단점이자 실패의 원인이었다고 평가했다. 원래 군인이었고 자신을 최고 명령자로 생각했기 때문에 반대 의견이나 불복종을 용납하지 못했던 것으로 보인다.

나는 장제스 총통에 대한 기억이 별로 좋지 않다. 국립중앙대학교國立中央大學校 부총장이었던 새어머니의 사촌 징농金農의 사무실에서 일할 때 장제스가 총장이었는데, 그는 학생들이 추앙해 주기를 바라면서 아주 스스럼없이 행동했다. 그는 허영심과 자기애가 강한 사람으로, 학생들에게 자기처럼 되는 것을 인생의 목표로 삼으라고 권고하기도 했다. 그가 점심시간에 점검차 구내식당(화장실과 함께 자주 점검의 대상이었다)에 왔을 때 한 학생이 그를 발견하고는 군사 훈련 때 구령하듯 '차렷' 하고 큰소리로 외쳤다. 기분이 좋아진 장제스는 그 학생을 치켜세웠다. 또 언젠가는 배구를 하고 있었는데 30-40미터 떨어진 둑 위에 서서 한참 우리를 바라보더니 닝보宁波(저장성의 항구 도시) 억양의 만다린어로 이렇게 말했다. "총장이 왔는데 너희들 '경례'하지 않고 뭐하는 거야?" 우리는 즉시 배구를 중단하긴 했지만 이상하게 여겼다. 군대 예절에 따르면 3-5미터 내의 거리에 있는 상관을 보면 그중 선임자가 경례하게 되어 있지만, 그날 그는 멀리 떨어져 있어서 그가 우리를 보고 있는지 우리는 알지 못했기 때문이다. 하지만 그는 총사령관이었고 그가 어디에 있든지 우리는 경례를 해야만 했다.

아버지는 공직자로서 총 32년 동안 반은 철도청에서 일했고, 반은 재무부의 소금전매청장*으로 일했다. 그는 결코 정당에는 가입하지 않았다. 소금전매청장 자리는 비단길(돈방석)로 알려져 있을 만큼 좋은 자리였지만 아버지는 매우 청렴하고 부패하지 않은 덕분에 명성을 얻었다. 그래서 남들은 2-3년밖에 지탱하지 못했던 자리에 11년 동안 있을 수 있었다.

어머니가 돌아가셨을 때 소금전매청장이었던 아버지는 "상하이에서 주가가 가장 높은 홀아비"가 되었고, 재혼에서도 선택지가 넓었다. 자서전에 따르면 아버지의 급여는 미화 1500달러의 월급과 수당 750달러 그리고 주택 보조 400달러였고, 그 외에 1년에 1만 달러의 연금이 주어졌다. 아버지의 급여는 월급과 수당을 각각 800달러씩 받던 재무부 장관보다 더 많았다고 한다.

쿵 박사는 아버지를 재무부 차관으로 승진시키려고 했다. 그러나 국민당 정부의 위조 국회에서 정적들에게 '미신을 조장한다'는 공격을 받고 1940년 5월에 실각했다. 쿵 박사는 그때까지도 정적들의 이런 공격이 쿵 자신과 장제스를 향한 것이니 아버지는 염려할 것이 없다고 했다. 그러나 장제스 정부는 정적들의 공격이 심해지자 종교적 신앙을 이유로 아버지를 정치적 희생양으로 삼았다.

---

* 중국의 소금 전매는 한나라 시대까지 거슬러 올라간다. 이 제도를 통해 집권자들은 만리장성 건설비용을 마련할 수 있었다. 2천 년의 역사를 가진 소금전매제도는 2016년에 폐지되었다.

플랑셰트 쓰기

아버지는 의사인 막내 여동생(작은 고모)과 함께 '플랑셰트 쓰기'planchette writing에 손을 댔다. 중국 민속에 따르면 이것은 죽은 자의 영이나 일부 영적 존재(또는 잡신)와 접촉하는 방법이다. 나는 어머니가 이것을 어떻게 생각하셨는지는 잘 모른다. 아버지는 어머니도 관심이 있었다고 말했지만, 그저 어머니의 지적·영적인 호기심이었지 정말 거기에 어떤 실체가 있다고 생각했는지는 확실하지 않다. 어쨌든 아버지가 재혼한 후 새어머니의 삼촌이며 위안스카이 장군 밑에서 총리를 지낸 슝쉬링이 아버지에게 세계홍만자회世界紅卍字會˙를 소개했다.

세계홍만자회는 불교, 도교, 유교 조직으로, 전능하신 신이 준 것으로 알려진 '플랑셰트 쓰기'를 하는 것이 특징이다. 슝 씨가 그것을 믿었는지 아니었는지는 모르겠지만, 아버지는 그것에 즉시 푹 빠졌다. 아버지는 자서전에 "나는 핑샤와 결혼한 이후 수년 동안 하나님을 찾았다. 이제 중국의 도원(도교 연구소 또는 신의 말씀 연구소)에서 교사이시고 하느님 아버지, 우주의 통치자인 그분을 찾았다"라고 쓰고 있다. 아버지는 새로 발견한 이 신앙에 매우 열정적이어서

• 1920년 무렵 중국의 신흥 종교인 홍만교가 타오위안(道院)에 설립한 사회사업단체. 자선 사업을 제창하고 고아원 경영, 빈민 구제, 전쟁과 천재로 인한 난민 구제 따위의 사업을 행했으나, 제2차 세계대전 이후에는 지주와 상인의 몰락으로 그 의의를 잃었다.

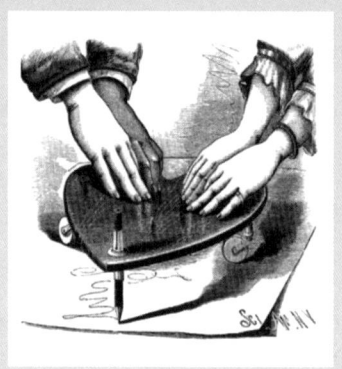

'플랑셰트 쓰기'를 하는 모습.

만나는 모든 사람에게 그것에 대해 이야기했다. 그러고는 함께 도원에 가서 '플랑셰트 쓰기'를 보자고 초대했다. 결국 아버지는 이런 일들로 인해 쿵 박사와 장제스에 의해 그들을 공격하는 개들에게 던져졌다. 그렇게 아버지의 정치 경력은 끝났다. 아버지는 결코 장제스를 용서할 수 없었다.

'플랑셰트 쓰기'란 무엇인가? 그것은 두 사람이 긴 팔과 짧은 팔을 가진 십자 모양의 나무 도구를 들고 수행한다. 두 사람 사이에는 긴 팔이 서로 맞은 편에 있고, 짧은 팔에는 나무 펜이 수직으로 매달려 있다. '영'(보통 불교의 신)은 나무 펜을 움직여 모래 쟁반에 '설교'의 일부를 구성하는 단어를 쓴다. 세계홍만자회 회원들은 이 설교를 연구하고 묵상한다. 질문이 있는 경우 서면으로 제출할 수 있으며, 그 집회 시간에 즉시 또는 나중에 답변을 들을 수 있다.

어느 날 아버지는 톈진에 있는 기독교 고아원 책임자였던 누이 팅팡이 '전생'에 요한이라는 이름을 가진 런던의 목사였다는 이야기를 듣고 깜짝 놀랐다. 아버지는 "이것으로 인해 그녀가 왜 그렇게 짧은 시간에 훌륭한 그리스도인이 되었는지, 그리고 나는 하나님을 알고 이해하는 데 왜 이렇게 오래 걸렸는지 이해할 수 있었다"고 말했다. 또 한번은 아버지의 친한 친구이자 후원자인 왕 박사가 아버지의 초대로 이 집회에 참석한 적이 있다(이때는 내가 그리스도인이 되기 전이다). 그때 바로 이런 글귀가 나왔다. "왕의 아들, 왔군요! 한잔 합시다!" 그러자 누군가 막걸리 한 잔을 가져와 거기 있는 사람들 앞에서 마셨다. 왕 박사가 당황했을지 기뻐했을지 잘 모르겠다. 아마도 둘 다녔을 것 같다!

나는 슝쉬링(우리는 그를 위대한 삼촌 슝이라고 불렀다)의 두 번째 부인의 사촌에게 이런 일들이 모두 사기인지 진짜인지 물었던 것을 기억한다(그는 홍만자회에서 이 사람들과 함께 살면서 일했다). 그는 그저 미소를 지었을 뿐 아무 말도 하지 않았다. 아버지에게 톈진의 기독교 고아원 원장으로 있는 그리스도인 여자 형제가 있다는 사실을 알아내기 위해 누군가 가서 확인하는 수고를 일부러 하지는 않았을 거라고 생각할 만큼 아버지는 순진했다. 아버지는 "그것에 대해 아무에게도 말한 적이 없다"고 했다. 환생은 물론 불교의 개념이다.

'플랑셰트 쓰기'에 대해 어떻게 생각하는가? 몇 가지 문제를 제기할 수 있을 것이다. 첫째, 글을 쓰는 '영'이 실제로 그들이 말하는 사람이라는 것을 어떻게 알 수 있을까? 이러한 '영'들 중 다수는 중국 민속에서 잘 알려진 인물이었고, 그것이 진짜인지 허구인지 확실하지 않았다. 둘째, 제3의 힘이 실제로 나무 펜을 움직이고 있다면 그것을 잡고 있는 두 사람은 평행하게 움직여야 하는데 그렇지 않았다. 한 사람이 다른 사람보다 더 힘차게 움직이는 것처럼 보였다. 두 사람 중 하나가 주된 이동자고 다른 사람은 추종자라는 것이 분명했다. 셋째, 이것이 하나님께서 세상을 구하기 위해 제정하신 방법이라면 인류의 구원을 위해 예수님이 세상에 오실 필요가 없었을 것이다. 사실 예수님은 우리가 '플랑셰트 쓰기'에 대해 알기 훨씬 전에 오셨다. 넷째, 성경은 "사탄도 자기를 광명의 천사로 가장하나니"라고 말한다. "그러므로 사탄의 일꾼들도 자기를 의의 일꾼으로 가장하는 것이 또한 대단한 일이 아니니라"(고후 11:14-15). 다섯째, 흔히 '플랑셰트 쓰기'에 매료되는 사람들은 자신의 인생에서 실망과 불행을 겪고서 도교와 불교 심지어 유교에서 발견되는 사상에 쉽게 빠져든다. 물론 아버지는 마지막 군에 속한다. 그의 인생에서 그를 가장 실망시킨 것은 32년 동안 성실하게 성공적으로 수행했던 공직 생활이 그의 종교 때문에 권력을 가진 쓰레기 같은 자들에게 버림받은 것이었다. 싸움꾼 기질이 있었던 아버지는 신이 여전히 자신을 승인한다는 사실을 증명하기로 결심했다. 그래서 그는 매일 '플랑셰트 쓰기'의 가르침을 읽고, 명상하고, 반쯤 어두운 방에서 30분 이상 '좌선' 훈련을 하며 시간을 보냈다. 그렇게 무상무념으로 모든 생각을 비우고 '플랑셰트 쓰기'의 가르침을 충실히 실천했다. 그는 때가 되면 더 현명하고 더 강력하고 성스러운 사람으로 변모해 구루(당시 종교의 도사)처럼 될 것이라는 말을 들었다. 물론 그런 일은 일어나지 않았다.

그는 어느 날 '좌선'을 하는데 뭔가 몹시 잘못되었다고 말했다. 그의 '기'가 헝클어져서 그것을 다시 제대로 돌아오게 할 수 없었다. 이로 인해 그는 결국 영원히 '파멸'되었다. 뭔가 정말 잘못되었을까? 아니면 일자리를 구하라고 끊임없이 채근했던 새어머니를 떼어버리려는 계략이었을까? 아무도 정확히 모른다. 아버지는 육체적으로도 달라 보이지 않았다. 고통이나 불편함도 없어 보였고, 병색도 보이지 않았다. 식욕도 여전했다.

새어머니는 1969년, 뉴욕 포레스트힐Forest Hills에서 뇌졸중으로 갑자기 돌아가셨다. 당시 우리는 한국에 있었기 때문에 나는 장례식에 참석하기 위해 미국으로 돌아갔었다. 아버지는 그 후 동생 '버터'의 집으로 이사했다. 아버지는 새어머니보다 10년 더 사셨고, 1979년 전립선암이 전이되어 92세의 나이로 세상을 떠나셨다.

새어머니, 그리고 변화

새어머니 이름은 주Zhu 또는 Chu 시Xi였고, 가족과 친구들에게는 그레이스Grace로 불렸다. 따라서 새어머니와 아버지의 성이 같았는데, 로마자 표기를 하면서 새어머니의 이름은 주Zhu로 쓰고 우리는 항상 우리 이름을 추Chu로 표기했다. 어쨌든 로마자 표기와 상관없이 'Zhu'와 'Chu'는 중국어로 같은 문자고 빨간색을 의미한다. 중국에서는 가족 안에서 맺어지게 될까 봐 같은 성을 가진 사람들이 결혼하는 일이 매우 드물었다. 그러나 중국에서 '주'라는 성은 영어로 치자면 스미스, 존스, 브라운, 윌리엄스 등과 같이 아주 흔했다.

새어머니의 가족은 상하이시 바오산寶山구 출신이었다. 새어머니와 아버지가 어떤 식으로든 관계가 있었다면 분명 서로 알았을 것이다. 새어머니의 삼촌 주치이Zhu Qi Yi는 유명한 학자이자 공직자로 후난성湖南省에 배치된 공무원이라고 했다. 그는 형제자매를 포함해 가족 모두를 후난으로 이사시켰고, 그곳에서 말 그대로 한 지붕 아래 삼대가 함께 살았다. 그래서 새어머니는 중국 중부 후난성의 수도 창사長沙에서 자랐다.

새어머니에게는 두 형제와 세 자매가 있었고, 불행히도 네 살 때 부모님을 모두 잃었다. 부모가 없었던 새어머니의 삶은 쉽지 않았다. 사실이든 아니든 사촌들에게 자주 '무시당하는' 느낌을 받았다고 한다. 하지만 외할머니가 새어머니 형제들을 사랑으로 돌보아 주었다. 1913년, 슝쉬링이 위안스카이 장군의 공화당 정부 총리가 되었다. 새어머니 삼촌은 온 가족을 베이징으로 데려가기로 했고, 고향을 떠나지 않기로 마음을 정한 할머니만 제외하고 모두 베이징으로 이사했다. 할머니를 사랑한 새어머니는 자신과 형제자매를 돌보아 준 것에 대한 감사의 마음으로 할머니가 돌아가실 때까지, 즉 그녀의 나이 스무 살 때까지 후난에 남아 할머니를 돌보았다.

그 후 새어머니는 베이징으로 가서 나머지 가족과 다시 합류했다. 그때까지 새어머니는 학교 교육을 거의 받지 못했지만, 일단 시작하자 매우 빨리 공부를 따라잡았다. 영어 실력을 향상시키기 위해 새어머니는 톈진의 킨스스쿨Keens School에 등록했다. 그곳에서 마오얀웬Ms. Mao Yan Wen 선생을 만났는데, 새어머니의 '공작'이 효과를 발휘해 마오 선생은 슝쉬링의 두 번째 부인이 되었다. 아버지에 따르면 새어머니는 3년 만에 킨스스쿨을 졸업했는데, 그때 나이가 스물일곱 살이었고 졸업 당시 학급 회장이었다. 새어머니의 삼촌 주치이는 손녀로서 할머니에 대한 효심과 학생으로서의 성취에 깊은 인상을 받아 새어머니를 미국으로 보내 공부시키기로 했다.

1923년 가을 새어머니는 중국을 떠나 오하이오주 옥스퍼드에 있는 웨스턴칼리지Western College에 입학해 대학 교육을 받기 시작했고 4년 뒤 졸업했다. 새어머니는 공부를 더 하기 위해 뉴욕의 사회복지학교 School of Social Work에 입학했다. 그리고 1년 후 귀국했는데, 당시 나이가 31세였다. 스무 살에 정식 교육을 받기 시작해 11년 만에 모든 교육을 마친 것이다. 상당히 놀라운 성과였다.

새어머니는 중국인과 미국인 모두에게 인기가 있었다. 아버지가 새어머니를 만났을 때 새어머니는 중국의 선도적인 기독교 교육기관 중 하나인 베이징의 명문 옌칭 대학교燕京大學校에서 학생들을 가르치고 있었다. 아버지 말로는 새어머니에게 "열렬한 구혼자"가 있었다고 한다. 그런데 그가 새어머니의 사촌 중 하나에게도 관심을 둔 신실하지 않은 사람으로 드러났다.

아버지는 1932년 가을, 소금 생산지와 설비, 사무실들을 시찰하던 중 쉬르Y. T. Tsur에게서 베이징에 있는 새어머니를 소개받았다. 옌칭 대학교 총장이던 쉬르는 새어머니를 "놀랍도록 아름답다"며 아주 높이 평가했다. 아버지는 창사시의 그리스도인 교육자인 새어머니의 사촌 징농을 만났는데, 그는 같은 가문이라 새어머니에 대해 잘 알고 있었다. 두 사람이 맺어지는 걸 매우 긍정적으로 받아들인 징농은 사촌인 새어머니를 직접 연결해 주겠다고 나섰다. 새어머니는 매우 아름답고 유교 전통의 덕을 지니고 있었다.

아버지는 '플랑셰트 쓰기'를 통해 인도받고자 했고, 그 대답은 변함없이 "미스 추가 가장 적합하다"였다. 그렇게 용기를 얻은 아버지는 편지로 새어머니에게 청혼했다. 새어머니의 반응은 호의적이었고, 아버지가 몇 차례 요청하자 결국 2월 말에 삼촌과 몇몇 형제들과 함께 상하이로 왔다.

아버지는 어머니와 사별하고 1년 3개월이 지난 1933년 3월 6일, 상하이 공동체교회 American Community Church 루콕 Lucock 목사의 주례로 재혼했다. 아버지는 46세였고, 새어머니는 열 살 아래였다. 앞서 언급했듯이 비록 아버지도 새어머니도 진정한 그리스도인은 아니었지만 결혼식은 꽤 정교하게 격식을 갖추었다(우리 형제가 감리교회 주유우 감독에게 세례받을 때 아버지도 침례를 받았기 때문에 명목상은 아버지도 그리스도인이었다). 난생처음 보는 대단한 결혼식이었다. 화려한 신부 들러리가 주 들러리 말고도 열두 명쯤 계속 들어오는 바람에 '신부는 언제 나오나' 싶을 정도였다.

우리가 실제로 새어머니를 직접 만난 것은 결혼식 다음 날 아버지가 새어머니를 집에 데려왔을 때였다. 나는 프랑스 막사 옆이었던 우리 집 복도에서 우리가 서로 어떻게 인사했는지 아직도 기억한다. 나는 그때 열 살이었다. 형 폴과 필립은 각각 열다섯 살, 열네 살이었고, 제임스는 아홉 살이었다. 어찌 보면 새어머니가 한 일은 매우 용감한 일이었다. 그녀는 사춘기의 청소년 자녀가 있는 가정으로 시집온 것이기 때문이다. 더구나 어머니를 여읜 지 1년 3개월밖에 되지 않았다. 그런데도 중국의 오랜 중매 풍습에 따라 그 결혼은 좋은 것으로 간수되었다. 아버지는 안정된 경력을 가졌고, 새어머니는 젊고 아름답고 훌륭한 교육을 받았으며 대단한 가문 출신이었다.

몇 년 후 아버지는 마치 자신의 결혼을 정당화하려는 듯 중국에서는 서로 사랑에 빠지기 전에 먼저 이렇게 결혼한다고 내게 말했다. 결혼 후에 서로 사랑하는 법을 배운다는 것이다. 아버지의 결혼 생활도 그랬을까? 아마 그랬을 것이라 생각한다. 하지만 그들의 사랑은 우리 어머니에 대한 아버지의 사랑과는 비교할 수 없었음이 확실하다. 사실 아버지는 어머니를 사랑한 것처럼 누구도 사랑하지 않았다. 그리고 그것은 당연히 아버지와 새어머니 사이의 문제가 되었다.

공정하게 말해 우리가 음마(m-Ma, 만다린이나 상하이 방언으로 어머니를 말함)라고 불렀던 새어머니는 좋은 어머니가 되려고 노력했다고 기억한다. 새어머니는 어머니의 기일엔 우리를 어머니 묘지에 가서 성묘하도록 했고, 결혼 후 얼마 지나지 않아서 아버지가 큰형 폴과 막내 제임스를 편애하는 것을 알아차리고는 기회가 될 때마다 형 필립과 내 편을 들며 이런 상황을 시정하려고 노력했다.

아버지의 재혼 후 두 가지 큰 변화가 일어났다. 하나는 프랑스령이었던 상하이에 속한 지역의 3층 집으로 이사한 것이다. 우리 형제는 3층에 살고, 아버지와 새어머니는 나중에 낳은 세 자녀와 함께 2층에 살았다.

두 번째 변화는 막내 '버터'와 내가 중학교 교육을 시작하기 위해 기숙사 학교로 가게 된 것이다. 이 학교는 후 가문이 운영하는 교육 기관으로, 다통 대학교에 딸린 부속 중·고등학교였다. 이때까지 우리는 공식적인 학교 교육을 받지 않았었다. 어머니가 살아 계실 때는 어머니가 형들을 직접 가르쳤고 나와 동생은 가르치지 않왔다. 어머니가 돌아가신 후 아버지가 가정교사를 두었지만 우리는 그 가정교사들을 잘 따르지 않았고 공부도 하지 않았다. 결과적으로 정식 학교에 가서 매우 어려운 시간을 보내게 되었다. 첫 해엔 둘 다 낙제를 해서 한 번 더 같은 학년을 다녀야 했다. 다음 해 나는 가까스로 낙제를 면했으나 불쌍한 '버터'는 다시 낙제해서 같은 학년을 세 번 다녔다. 이것은 우리 둘에게 매우 뼈아픈 경험이었다. 그 후 아주 오랫동안 시험만 생각하면 걱정과 두려움이 앞서곤 했다.

우리에게 새로운 변화가 생기기 시작한 것은 1937년이었다. 그 해 7월 7일에 중국 주둔 일본군이 중국군을 자극하려고 루거우차오사건 蘆溝橋事件 을 벌였고, 이를 빌미로 중일전쟁을 일으킨 것이다.* 이 전쟁은 곧 상하이까지 확전되었고 총력전이 벌어져 11월까지 이어졌다. 우리는 전쟁과 혼란을 피해 당시 '영국의 왕관 보석' British Crown Jewel 이라 불리던 홍콩으로 보내졌다. 아버지는 원래 아들들의 안전과 교육을 위해 자신의 연금을 사용해서라도 미국으로 보낼 계획이었는데, 새어머니가 남은 가족의 생계를 거론하며 이에 반대했다. 그때 이미 여동생이 둘 태어난 상태였다. 결국 형 폴과 필립은 미국으로, 나와 동생 '버터'는 홍콩으로 보내졌다.

홍콩에서 우리는 스탠리만 Stanley Bay 에 위치한 성스테판 고등학

- 루거우차오사건(노구교사건, 마르코폴로다리사건이라고도 한다)은 1937년 7월 7일 베이징의 루거우차오에서 일본군이 자작극을 벌인 발포 사건으로, 일본 제국주의가 중국을 지배하기 위한 중일전쟁의 발단이 되었다.

교 St. Stephen's College에 등록했는데, 이 학교는 영국성공회 소유로 선교 기관이 운영하고 있었다. 이유는 알 수 없었지만 나와 동생은 입학시험을 치지 않는 대신 한 학년씩 아랫반에 배치되었다. 아마도 중국 교육보다 영국 교육이 우수하다고 여겼기 때문이었을 것이다. 그러나 사실은 적어도 홍콩의 영국 교육은 그렇지 않았다. 당시 홍콩은 인종차별이 상당했다. 곳곳의 영국인 소유지에서 "왕실 재산. 개나 중국인 출입 금지!"라는 팻말을 볼 수 있었다. 당시 중국인들은 그런 분위기에서 살았다. 나는 우리를 상하이에서의 학년보다 한 학년 낮추어 배치한 것이 그런 이유 때문이라고 생각한다. 그런데 같은 학년을 반복하는 것이어서 기쁘게도 우리에게는 학업이 무척 수월했고 전 과목에서 매우 우수한 성적을 낼 수 있었다. 기이하게도 그 이후 공부에서 별 어려움을 느끼지 못했다. 다시 상하이로 돌아와 원래 학년에서 공부할 때도 마찬가지였다. 그 사이에 우리가 지적으로 더 성숙한 것일까? 성스테판 고등학교의 과정이 쉬웠던 것일까? 둘 다인지 모른다. 그러나 아무튼 우리는 처음으로 학교 학습도 잘 해낼 수 있다고 느꼈다. 믿기 어려운 경험이었다.

그러나 우리는 홍콩에 6개월밖에 머물지 못했다. '버터'와 나는 학업을 마치기 위해 다시 상하이의 다통 중학교로 돌아왔다. 아버지도 그동안 홍콩에 있다가 국민당 정부와 함께 사무실을 중국 내륙의 충칭重慶으로 옮겼다. 홍콩에 머무를 때 크리스마스의 이른 아침 새어머니의 삼촌 슝쉬링이 갑자기 뇌출혈로 돌아가셨다. 우리는 그를 홍콩에 가매장하고 공산당이 중국을 장악하고 나서 한참 후에 그가 세운 베이징 근처 샹샨 香山의 고아원 자리에 이장했다.

아버지는 1938년 3월 국민당 정부를 따라 충칭으로 갔다. 그리고 그해 세계홍만자회에 정식으로 합류했다. 이로써 화려했던 그의 공직 생활의 막이 내리는 조짐이 보이기 시작했다. 할아버지는 정식 교육과정의 학교에 다녀 보지도 못하고 조그맣게 장사를 했지만, 아버지는 중국 정부에서 중요한 부서의 차관급까지 승진하는 대단한 일을 성취했다!

나는 1940년에 고등학교를 졸업했다. 마지막 학년 때 이상하게도 미열이 지속되었는데 의사였던 작은 고모는 결핵이라고 생각했다. 흉부 사진에는 폐 양측 상엽에 애매한 결핵 음영이 있었고 기침이나 가래 같은 증상은 없었다. 세균 검사에 잡히지는 않았지만 결핵 피부반응 검사는 강 양성이었다(당시 내 또래 중국인은 대개 결핵 피부반응에서 양성이었기 때문에 이것은 예상 밖의 일은 아니었다). 고모는 나를 결핵 환자처럼 치료했다. 약을 주지는 않았지만 1년 동안 절대 안정을 취하도록 했다. 그 1년 동안 나는 디킨스 C. Dickens, 새커리 W. M. Thackeray, 뒤마 A. Dumas, 오스틴 J. Austin, 헤밍웨이 E. Hemingway 등의 소설을 읽었다. 결과적으로 내 영어 실력은 이때 상당히 향상되었다. 그때는 꿈을 영어로 꾸기도 했던 기억이 남아 있다.

상하이 대학교 전경, 상하이 대학 재학 무렵의 주보선.

충칭에서의 생활

1년 뒤 나는 상하이를 떠나 아버지가 계신 충칭으로 갔다. 당시 아버지는 양쯔강가의 크고 멋진 집에서 살고 있었다. 북쪽으로 충칭시가 바라다보이는 작은 산 위에 있는 벽돌집이었다. 그래서 일본군이 충칭시를 폭격하는 것을 자주 볼 수 있었는데, 어느 날은 앞마당에 소이탄이 떨어지기도 했다. 다행히 집에 불이 붙지는 않았고 기적같이 다친 사람도 없었다. 당시 일본군은 한두 대의 비행기가 높은 고도에서 폭탄을 떨어뜨려 사람들을 두렵고 지치게 하는 형태의 공습을 한 뒤 돌아가곤 했다. 이런 공습은 한 번도 심각한 피해를 주지는 않았다. 하지만 몇 시간 동안 경보를 울려 우리를 신장시키고 방공호 속에 가두어 지치게 만드는 공습이었다.

그러던 어느 날 갑자기 굉음을 내는 전투기 중대가 나무 꼭대기 높이로 가까이 날아왔다. 우리 머리 위를 지날 때 P-40 전투기의 동체 전면에 그려진 무시무시하고 날카로운 이빨을 가진 상어머리 윤곽이 다 보일 정도였다. 이 전투기들은 미국의 자원 조종사

그룹의 '나르는 호랑이' Flying Tiger로, 과감한 힘을 과시하는 쇼를 한 것이었다. 짐작하겠지만, 우리 모두 짜릿한 기쁨으로 환호했다! 그 후 일본군은 우리를 괴롭히던 공습을 감행하지 못했다.

일본의 패망

1941년 초 내가 충칭에 도착했을 때는 아버지가 이미 반년 전에 소금전매청장을 사임한 뒤였다. 아버지는 출근하지 않게 되자 '플랑셰트 쓰기'에 빠져 지냈다. 아버지는 자서전에 이때를 "내 인생에서 가장 행복했던 날들"이었다고 썼다. 아버지는 유지아포余家坡에 있는 그 큰 집에서 우리가 밍선Ming Sun 삼촌이라 불렀던 사촌 부부와 함께 살았다. 삼촌은 지질학자였다.

이때 아버지의 부하 직원과 친구들이 아버지를 찾아와 머물며 마작을 하곤 했다. 그들 중 야오姚라는 성을 가진 분이 내게 감자수프와 스테이크 튀김, 그리고 여러 종류의 중국 요리를 가르쳐 주었다. 어느 날 우리 요리사가 아파서 내가 대신 부엌으로 가 가족을 위해 감자수프와 쇠고기 스테이크 튀김을 요리했는데 모두 꽤 만족스러워하는 것 같았다. 이 경험으로 나는 요리에 대해 더 관심을 갖게 되었고 기름으로 튀기는 다양한 중국 요리를 배웠다.

일본이 패망한 후 아버지와 새어머니, 그리고 자녀들 모두 중국을 떠나 미국으로 이주해 뉴욕 포레스트힐에 살았다. 그때 나는 감리교병원에서 레지던트 과정을 밟고 있었고 종종 가족들을 위해 요리를 했다. 당시 나는 결혼하고 몇 년이 지났을 때였고 부모님과 불과 몇 블록 떨어진 레고파크Rego Park에 살았다. 그런데 이런 상황이 좀 불편한 일을 야기했다. 늦게까지 병원에서 일하고 집에 오면 늘 피곤했는데, 새어머니는 내가 요리를 해 주기 원했기 때문이다. 새어머니가 요리할 줄 모르는 것도 아닌데 내가 왜 가족을 위해 요리를 해야 하는지 아내는 도무지 이해하지 못했다. 나는 부모님께 공개적으로는 아무 말도 하지 않았지만 새어머니에 대해서 속이 끓어 올랐다. 우리의 결혼 생활을 파탄 내려 한다는 생각이 들어서였다. 뒤돌아 생각해 보면 옳지 않은 생각이었다. 왜냐하면 우리는 그때 이미 수년간 결혼 생활을 하면서 세 자녀를 두고 있었고, 새어머니는 아내를 인정하고 고마워했기 때문이다. 실제로 새어머니는 내 아내가 미국인이면서도 새어머니의 다른 중국인 며느리보다 훨씬 착하고 책임감 있다고 여러 차례 말하곤 했다. 이야기가 너무 나간 것 같다.

1941년 12월 7일, 일본은 진주만을 폭격했다. 비록 처음에는 일본이 승기를 잡는 듯했지만, 우리는 그것이 일본 패망의 시작이었음을 알고 있다. 그들이 최종 항복한 것은 1945년이었다.

1941년 내가 충칭에 있는 아버지와 합류했을 때 동생 제임스도 거기 있었다. 그러나 그는 거리가 꽤 먼 국립중앙대학교에서 공부했기 때문에 거의 보기가 힘들었고 나는 아버지와 종일 함께 지내는 시간이 많았다. 우리는 한방에 두 개의 침대를 놓고 잠을 잤다. 그러면서 나는 아버지를 더 잘 이해하게 되었다.

아버지는 내 건강이 회복되었다고 판단하고 다시 공부를 시작하거나 일을 해 보는 것이 좋겠다고 하셨다. 결국 국립중앙대학교의 부총장이던 새어머니의 사촌 징농의 비서 일을 하게 되었다. 그는 집안에 몇 안 되는 그리스도인이었다. 그와 일하는 동안 내 건강이 좋아지면 학교로 돌아가 다시 공부할 수 있었다. 징농은 나에게 그의 사무실 옆에서 문서 초안을 작성하는 비서 일을 하도록 배려해 주었다. 나는 그를 위해 일하면서 그의 집에서 함께 살았다. 그러면서 그와 그의 아내를 잘 알고 지내게 되었다. 징농의 아내는 징농과 성격이 완전히 달랐고, 종종 기괴한 이야기를 해서 사람들을 깜짝 놀라게 하기를 좋아했다. 징농의 두 번째 아내였던 그녀는 따뜻한 마음씨를 가지고 있었다. 그들에게는 각각 웬화 Wenhwa 와 웬만 Wenman 이라는 아들과 딸이 있었는데, 항공공학을 전공한 웬화를 내 동생 제임스도 잘 알고 있었다. 불행히도 웬화는 몇 년 후 샌안토니오 San Antonio 에 있는 동안 신경 쇠약을 겪었다. 반면에 웬만은 꽤 잘 지냈고, 중국으로 돌아가 이샤오홍 Lee Shaohong 이라는 교수와 결혼했다. 웬만은 100세 넘게 살았고, 몇 년 전 상하이에서 사망했다.

 1944년 가을이 돼서야 나는 사핑바구 沙坪坝区 의 메인 캠퍼스에서 16킬로미터쯤 떨어진 징커우구 京口区 의 국립중앙대학교에 신입생으로 등록해 경제학 공부를 시작했다. 동생 제임스는 사핑바구 캠퍼스에서 4학년에 재학 중이었는데 교수 한 분이 징커우구 캠퍼스에 형제가 있는지 물었다고 한다. 하는 행동이 너무 비슷하다는 것이었다. 우리는 서로 너무 다르다고 생각해 왔기 때문에 매우 놀라웠다.

　1945년 봄학기 말쯤 아버지는 전시 중국 대학의 공부 방식이 너무 스파르타식이어서 내 건강을 해칠 수 있다고 염려하여 다시 학교를 그만두게 하고 소금전매청 사무실에서 일하게 했다. 사무실은 집에서 걸어서 10-15분 거리로 가까웠고, 양쯔강의 남쪽 강변에 있었다. 겨자색의 연초록 유채가 만개해 달콤한 향기가 가득한 길을 걷는 것이 말할 수 없이 상쾌했다. 여기저기에 초가지붕을 한 오두막이 흩어져 있었고, 때때로 집 밖에 앉아 아기에게 젖을 먹이는 여인들도 볼 수 있었다.

　미국은 1945년 8월 6일 히로시마에 원자폭탄을 투하했고, 9일에는 나가사키에도 두 번째 원자폭탄을 투하했다. 결국 일본은 8월 14일에 휴전을 요청하고 9월 2일 공식 항복함으로써 제2차 세계대전도 끝이 났다. 나는 상하이로 가는 배에서 협곡에 떠 있는 무지개를 보며 감격했다. 우리 사무실뿐 아니라 중국 방방곡곡에서 해방의 환호가 울려 퍼져 나갔다. 중국이 승전국이 되어 전쟁을 벗어난 것이 거의 200년 만에 처음 있는 일이었다. 누군가의 말처럼 "중국이 마침내 일어섰다!"

미국으로 이주

　사무실에서는 상하이로 돌아가기 위한 준비를 시작했다. 나는 첫 번째 그룹에 속해 출발했고, 비교적 조그만 증기선을 타고 충칭을 떠나 하류로 내려갔다. 여행은 사흘이 걸렸는데 다음날 이른 아침 우리는 그 유명한 샨샤三峽谷*를 지났다. 우리가 탄 증기선이 통과하는 동안 무지개가 떠 있었다. 믿을 수 없이 아름다운 풍광이었다. 어려서 배운 시가 떠올랐다.

강 흐름 양쪽 켠으로
　　원숭이들이 흥겹게 떠들고
겹겹이 깊은 산 사이를 뚫고
　　나뭇잎 같은 배가 쏜살같이 흐르네.

그러나 비록 중국이 승전국이기는 했지만 나라는 엉망진창이었다. 인플레이션이 심해서 하루 세 번씩 물건 값이 변하기도 했다. 소금세를 지폐가 아닌 금괴로 내기도 했는데, 금괴를 사무실에 두는 것이 안전하지 않아서 은행에 예치하지 못한 금괴는 집으로 가져갔다가 다음날 다시 사무실로 가져오곤 했다. 물론 위험한 일이었지만 사람들이 내 가방에 금괴가 들어 있을 거라고는 생각하지 않아서였는지 별일은 없었다.

아버지와 새어머니는 전쟁이 끝났을 때 충칭에 있었고, 1945년 말이 되어서야 동생 제임스를 제외한 우리 가족 모두는 상하이의 라파엣 477가의 집으로 모였다. 제임스는 국립중앙대학교에서 조교

---

* 삼협곡, 2008년 샨샤댐이 건설되었다.

로 몇 년을 머물렀고, 그 사이 대학교가 충칭에서 난징으로 옮겨 가는 바람에 그는 대학을 떠나 1946년 봄 공군에 합류했다. 1947년 봄 제임스는 영국 더비Derby의 롤스로이스Rolls-Royce에서 실전 훈련을 받기 위해 중국 공군 기술 사절단의 일원이 되어 중국을 떠났다.*

제2차 세계대전 이후 중국의 상황은 악화일로를 걸었다. 내전이 시작되었고, 1946-1948년에 걸쳐 부패한 국민당은 정치적 비효율성 때문에 공산당과 더 이상 싸울 수 없게 되었다. 시민들은 전쟁에 지쳐서 누가 이기느냐보다는 하루빨리 전쟁이 끝나기를 바랐다. 공산당이 중국 전체를 장악하더라도 정치·경제·사회 상황이 지금보다 더 악화될 수는 없을 것이라고 느꼈다. 사실 비교해 보면 공상당이 훨씬 더 잘 훈련되고 국민 복지에도 관심을 쓰는 것처럼 보였다. 사람들 마음속에서 이미 1949년 훨씬 이전에 공산주의자들과의 싸움에서 국민당이 패배했다는 것에 의문의 여지가 없었다.

아버지는 비록 국민당 당원은 아니었지만 중국 정부에서 오랫동안 일했기 때문에 공산당이 중국 전역을 장악하면 가족의 안전을 보장받지 못할 수 있다고 생각했다. 아버지는 1948년 11월에 전 가족을 대만으로 이주시켰다. 그러나 나는 1946년에 대학 공부를 다시 시작해 당시 상하이 대학교 경영학과 3학년이었기 때문에 대

• 영국 더비에 있던 롤스로이스 사는 제2차 세계대전 당시 제트엔진 개발로 잘 알려져 있었다. 국유화와 민영화의 우여곡절이 있었지만, 현재도 항공기용 엔진 제조를 선도하고 있으며, 민항기 다섯 대 중 한 대는 롤스로이스 엔진을 장착하고 있다.

만으로 가지 않았다.

그러나 가족들은 대만을 좋아하지 않았고 결국 1949년 2월에 상하이로 돌아왔다. 중국 상황이 더욱 악화되자 아버지는 가족을 미국으로 이주시키기로 결정하고 그해 4월 상하이에서 홍콩으로 갔다가 9월에 미국으로 이주했다. 그 당시 우리 가족의 나머지 형제도 중국 밖에 있었다. 폴은 스위스 제네바에, 필립과 제임스 그리고 나는 이미 미국에 와 있었다. 내가 미국에 건너온 아슬아슬한 과정은 앞에서 이야기한 바와 같다.

베일러 베어스, 내가 왔다!

그때 뉴욕에서 텍사스의 웨이코까지는 장거리 고속버스 그레이하운드로 족히 스물네 시간 이상 걸렸다. 내가 장학금을 받아 경영학을 공부하게 된 베일러 대학교는 미국 남부에 있는 두 개의 침례교 교육 기관 중 하나였다. 다른 하나는 노스캐롤라이나 윈스턴세일럼에 있는 웨이크포레스트 대학교였다. 내가 장학금을 받을 수 있었던 것은 상하이 대학교에서 영어를 가르쳤던 애너벨 콜맨Anabel Coleman 선생님의 설득력 있는 추천서 덕분이었다.

사실 나는 그 선생님의 강의를 들은 적이 없었다. 그러나 '래리어트'Lariat(올가미)라는 학교의 영자 신문에 종종 스포츠 관련 기사를 투고했고, 영어로 연극 대본을 써서 몇몇 친구들과 함께 무대에 올리기도 할 만큼 당돌했다. 그래서 콜맨 선생님은 나를 잘 알고 있었다.

웨이코에 와서는 브룩스홀Brooks Hall이라는 남자 기숙사에 배정되었는데, 알고 보니 베일러의 미식축구 선수들도 함께 쓰는 기

베일러 의과대학 전경.

숙사였다. 선수들은 1층에, 다른 학생들은 위층에 살았다. 나는 하와이에서 온 기무라 Fred Kimura 라는 일본계 미국인을 포함해 네 명의 다른 학생들과 함께 3층에 있는 방에 배정되었다. 처음에는 일본 사람과 같은 방에 배정된 것이 매우 불쾌했지만, 그는 우리 중국인의 선입견과 달리 꽤 호감이 가는 친구였다. 우리는 좋은 친구가 되었고, 1950년 봄 내가 포장과 관련한 경영학 석사학위 논문을 쓰는 동안 그 친구는 밤늦게까지 내 논문을 타이핑해 주었다. 하나님께서 그를 통해 일본 사람에 대한 내 관점을 바꾸신 것은 흥미로운 일이었다.

미식축구

웨이코에는 이른 아침에 도착했다. 아직 다른 학생들은 도착하지 않았고, 그래서 나는 이층침대 위 칸에 자리를 잡았다. 어느 날 한밤중에 나는 쿵쿵거리는 발걸음 소리에 잠이 깼다. 어스름한 불빛 사이로 체격이 매우 크고 가슴에 털이 많은 친구가 뭔가 깊은 생각에 잠긴 채 자기 방과 우리 방 사이를 왔다 갔다 하고 있었다. 다음 날 아침 나는 그가 댄 Dan Ray 이라는 것을 알았다. 그의 아버지는 중국 남부의 선교사였다. 댄은 덩치와 달리 매우 점잖은 친구였다. 나중에 그는 침례교 선교사로 한국에 왔다.[*] 그때는 나도 댄

---

* 댄(한국 이름은 이대복)은 할아버지부터 아들까지 삼대가 중국과 한국에서 사역

도 한국에 선교사로 올 것이라고는 꿈에도 몰랐다. 하나님은 그분의 시간에 나를 한국에서 선교사로 일하도록 깨우쳐 주셨다. 댄은 베일러 대학교에서 공부를 마치고 텍사스의 포트워스에 있는 사우스웨스턴침례교신학교 Southwestern Baptist Theological Seminary에서 공부한 후 한국에 선교사로 나갔다는 사실을 소문으로 들었다.

베일러 대학교는 규모에 비해 스포츠팀이 매우 활발했다. 미식축구팀은 슈거볼 Sugar Bowl *에서 우승한 해도 있고, 내가 입학하기 전 해에는 농구팀이 4강에 합류하기도 했다. 내가 웨이코의 캠퍼스에 다닐 때는 미식축구팀이 승승장구해서 슈거볼에 진출해 우승한 해도 있었다. 내 기억에 당시 코치의 성은 소이어 Sawyer였고 이름은 조지 George였는지 확실하지 않다. 그때 도크 워커 Doak Walker가 ** 서던메소디스트 대학교 Southern Methodist University, SMU 무스탕스 Mustangs에서 뛸 때였다. 베일러 대학 또한 에이드리언 버크 Adrian Burke와 래리 이스벨 Larry Isbel 같은 올아메리칸 All American을 배출했다.***

　　　한 보기 드문 선교사 가문 출신이다. 댄은 한국전쟁으로 폐허가 된 한국에 1953년
　　　10월 미국 남침례교 선교사로 파송받아 1987년까지 34년 동안 사역했다. 키와 몸
　　　집만큼 마음도 크고 넓었고, 타고난 성품이 온화하고 덕과 정감이 있는 친절한 사
　　　람이었다고 한다.
• 　　1935년 이래 해마다 뉴올리언스에서 열리는 미국 대학 축구 경기.
•• 　　1990년부터 해마다 대학 미식축구 선수 중 가장 뛰어난 선수에게 수여하는 유일
　　　한 상이 그의 이름을 딴 도크워커상(Doak Walker Award)일 정도로 전설적인 미
　　　식축구 선수다.
••• 　대학팀 선수와 같은 아마추어 선수에게 주는 타이틀로 미국을 대표하는 선수라는
　　　의미다.

미국에 오기 전 나는 미식축구에 대해 들어 보기는 했지만 경기를 본 적은 없었다. 그런데 그것을 한 번 보고는 완전히 빠져 버렸다. 토요일에는 정말 아무도 공부를 하지 않았다. 경기 때마다 가져가는 베일러 대학의 마스코트는 검은색 곰이었는데, 학생 팬들은 그것을 보고 환호성을 질러 댔다. 이보다 더 좋은 것은 없었다. 댄 레이와 함께 경기를 보러 간 적도 있다. 그의 데이트 상대가 지프를 몰고 브룩스홀로 우리 모두를 데리러 왔다. 정말 재미있는 날이었다!

의과대학 진학과 선교사의 꿈

어느 날 방과 후였다. 중국인인 내 눈에 전형적인 일본인으로 보이는 한 사람이 나를 향해 다가왔다. 그때 함께 있던 미국인 친구가 내 옆구리를 찌르며 "저기 캠퍼스에서 가장 신실한 크리스천이 온다!"라고 말했다. 나는 마음속으로 '어떻게 일본 사람이 좋은 크리스천일 수 있지?'라고 생각했다. 일본 사람에 대한 내 편견이었다. 그러나 하나님께서 인종에 대한 내 편견을 고쳐 주셨다. 웨이코의 캠퍼스에 있는 동안 나는 그와 함께 많은 시간을 보냈다. 그는 내 방에 와서 성경 공부와 기도를 함께한 몇 안 되는 그리스도인 중 한 명이었다. 그의 이름은 이케모토 Henry Ikemoto로 연합군에 합류해 유럽에서 제2차 세계대전에 참전한 일본계 미국인이었다. 캠퍼스 밖에 살면서 일본인 여자 친구를 사귀고 있었던 그는 내가 본 그리스도인 중 가장 신실한 사람 중 하나였다.

내가 그리스도인이 된 이후 가장 먼저 한 일은 내 인생을 향한 하나님의 뜻이 무엇인지 찾는 것이었다. 경영학 석사 과정을 반쯤 마쳤을 때 아직 어디로 가야 할지는 알 수 없지만 의사가 되어 선교사로 섬기는 것이 하나님의 뜻이라고 확신하게 되었다. 그것은 내 전공이 잘못되었다는 뜻이었다. 의과대학에 가기 위해서는 이제껏 하지 않았던 과학 과목을 모두 공부해야만 했다. 아버지는 나를 지지했지만 새어머니는 공부를 그만두고 가족을 돕기 원했다. 새어머니의 반대가 있긴 했지만, 나는 많은 시간을 열심히 일하면서 학비와 기숙사비를 벌어 이 과정을 이행했다. 석사학위를 받은 뒤 리지크레스트Ridgecrest에 있는 침례교컨벤션센터에 일자리를 얻었다. 어느 날 아버지가 위독하니 즉시 집으로 오라는 급한 전갈을 받았다. 그러나 내가 집에 도착했을 때 아버지는 여느 때와 같은 모습이었고 전혀 아프지 않았다. 이것은 나를 집으로 오게 하려는 방편으로 이후 몇 차례 더 사용되었다.

의과대학 입학에 필요한 과학 과목을 이수하는 데 꼬박 2년이 걸렸다. 이렇게 해서 1952년 가을, 나는 베일러 대학교의 의과대학에 입학했다.

텍사스 여전도회는 1년 동안 장학금을 주었고, 펜테코스트Jerry Pentecost라는 동급생은 자기 집의 여유 있는 방을 쓸 수 있도록 배려해 주었다. 그런데 밤에 자꾸 어떤 벌레가 무는 것이었다. 어느 날 오후 침대에서 낮잠을 자다 깨어 눈을 떠 보니 불과 몇 미터 앞에

너구리 한 마리가 뒷발로 꼿꼿이 서서 나를 바라보고 있었다! 그 녀석이 내 침대 밑에 함께 살고 있었던 것이다. 벼룩에 수없이 물릴 수밖에!

의과대학 1학년 때의 공부는 무척 어려웠는데, 과목이 어려웠다기보다는 돈을 벌기 위해 일을 하면서 해야 할 공부의 양이 너무 많았기 때문이다. 처음에는 해부학 과목에서 상위 세 명에 속했는데 시간이 지나면서 점점 성적이 떨어졌다. 물론 학점 이수에 지장이 있을 정도는 아니었다.

의과대학 1년을 마치자 부모님은 1년 동안 휴학을 하고 돈을 벌도록 했다. 나는 뉴욕 브롱크스Bronx에 있는 레바논 병원 동위원소 실험실에 일자리를 얻었다. 이런 상황은 침례교 여전도회의 장학금 제도가 바뀌어 선교와 관련된 재정 지출의 권한이 해외선교부로 이전되면서 내가 장학금을 받을 수 없게 되어 발생했다. 첫해 장학금을 받을 때 나는 남침례교 해외선교부에서 온 서류의 '해외 선교에 관심이 있는지'를 묻는 질문에 '그렇다'고 대답했었다. 해외선교부가 알고 있으니 장학금이 계속 지급되는 줄 알았다. 그런데 그사이 규정이 바뀌어 본인이 다시 신청해야만 장학금이 지급되었다.

베일러 의과대학 학장 올슨Stanley W. Olson 박사를 만났을 때 그는 내 상황을 유감스럽게 생각하면서도 특별한 밀은 하지 않았다. 그러나 그 후 누군가가 내 등록금을 내주었다는 사실을 알았고, 그것은 졸업할 때까지 이어졌다. 졸업식 날 식장으로 행진하기 위해 강당 입구에 서 있는데 베일러 대학의 총장 화이트 박사Dr. W. R.

White가 옆에 있는 키가 크고 잿빛 수염을 한 신사를 가리키며 이렇게 말했다. "이분이 자네 후원자시네!" 그 신사는 석유 재벌 얼 핸캐머 Earl C. Hankamer였다. 그는 빌리 그레이엄 Billy Graham의 후원자로 잘 알려져 있었고, 베일러 의과대학에도 많은 기부를 해서 그의 이름을 따서 지은 건물도 있었다. 이것이 내가 그를 만난 처음이자 마지막이었다. 참으로 놀라운 일이었다!

그로부터 10년 뒤인 1967년, 선교사가 되어 가족과 함께 한국으로 떠나기 전 송별 파티에서, 친한 친구였던 뉴욕 갈보리교회의 콜린 잭슨 Collin Jackson이 유명한 라디오 쇼 〈이 길이 너의 인생이다〉 형식으로 제작한 테이프를 들려주었다. 그 테이프에는 핸캐머를 인터뷰한 내용이 들어 있었고, 그는 우리의 가는 길을 축복했다. 내 인생을 향한 하나님의 뜻이라고 믿었던 바를 성취하도록 나를 신뢰하고 도와준 그의 관대함이 결코 헛되지 않았음을 그도 알고 있었다. 나는 핸캐머가 자신이 후원했던 학생이 의사가 되어 선교사로 나간다는 사실을 흐뭇해하기를 바랐다.

그러나 선교지를 향해 가기까지 아직 수많은 일이 기다리고 있었다. 그중 하나는 그리스도를 향한 내 신앙이 훨씬 더 현실적이 되고, 성경 이해와 관심이 더 깊어졌다는 것이다. 특히 나는 사도 바울과 다른 사도들의 서신서들을 읽으며 그리스도인으로서 점점 더 성숙해 갔다. 우리는 올포드 Dr. Stephen Olford 목사가 목회하던 갈보리 침례교회의 성도가 되었다. 올포드 목사는 매우 훌륭한 설교자이자 성경 교사였으며 두운법에 탁월했다. 올포드 목사는 내 인생에 매우 큰 영향을 미쳤다. 선교지로 떠나기 4-5년 전쯤 나는 이 교회의 장로가 되었다.

우리 인생에서 또 다른 중요한 발전 중 하나는 결혼 전부터 중국인크리스천펠로우쉽 Chinese Christian Fellowship, CCF 에 적극적으로 참여하게 된 것이다. 여기서 좋은 그리스도인들을 많이 만났다. 그중에는 상하이 대학에서 공부할 때 학장이었던 분도 있고, 또 전에 중국 선교사였던 툭스버리 Gardner & Ruth Tewksburys 부부도 있었는데 이들은 내 인생에 많은 영향을 주었다. 가드너 툭스버리는 미국성경협회 American Bible Society, ABS 에 속한 선교사의 아들이었다. 그는 중국말을 거침없이 잘해서 그가 말할 때 얼굴을 보지 않으면 미국인이라고 생각할 수 없을 정도였다. 그들은 만나면 매우 즐거운 사람들이었고 우리는 그들을 매우 좋아했다.

1957년 베일러 의과대학 졸업 사진(왼쪽)과 1958년 10월 4일 주보선 부부의 결혼 사진(오른쪽).

하늘에서 맺어 준 짝

나는 1957년에 의과대학을 졸업했다. 당시 부모님이 뉴욕에 계셨기 때문에 의학 공부를 했던 휴스턴이 아닌 뉴욕에서 수련 과정을 밟기로 했다. 내가 왜 브루클린에 있는 감리교병원을 택했는지는 잘 기억 나지 않는다. 아마도 어머니가 감리교 교인이었고, 또 베일러 의대 학생 때 감리교병원에서 일했던 기억으로 감리교병원에서 수련을 받아도 좋겠다고 생각했던 것 같다.*

어쨌든 인턴을 정형외과부터 시작하게 되자 응급실 콜call이 무척 자주 있었다. 나는 응급실에서 실습 학생 중 하나를 눈여겨보았는데 게일 Gail Cooper이라는 아름다운 젊은 여학생이었다. 그녀는 두 가지 점에서 매우 인상적이었다. 첫째는 환자들을 진심으로 대하고

• 주보선이 인턴과 내과 수련을 받고 심장내과를 세운 브루클린 감리교병원과 심장내과 수련을 받은 뉴욕 장로교병원은 2016년 12월에 합병해 공식 명칭이 'NewYork Presbyterian Brooklyn Methodist Hospital'이 되었다.

부드러운 사랑으로 돌보았다. 두 번째는 내가 환자에게 깁스를 하기 전에 그녀가 자주 면도를 하곤 했는데 얼마나 능숙하게 하는지 상처 하나 남기지 않았다. 날마다 면도하는 나도 종종 상처를 내곤 하는데 말이다. 내 마음의 눈은 지금까지도 옅은 하늘색 유니폼에 하얀 간호사 모자를 쓰고서 응급 병상 옆에서 환자를 기다리는 그녀를 볼 수 있다.

감히 그러면 안 된다고 생각하면서도 내 마음은 이미 그녀에게 끌리고 있다는 데 의심의 여지가 없었다. 그때까지 그녀와 같은 여자를 만나 본 적도 없었다. 물론 그녀가 나를 어떻게 생각하는지도 몰랐지만 말이다. 그러던 중 그녀가 가족과 휴가를 떠나게 되었는데, 아버지의 친척들이 있는 캐나다로 간다고 나에게 말했다. 그녀는 오타와 Ottawa에서 휴가를 보내며 내게 우편 카드를 보내 그곳에서 지내는 이야기를 전해 주었다. 그녀도 내게 관심이 있다는 사실을 처음 확인하게 되어 나는 매우 고무되었다.

그녀가 휴가에서 돌아왔을 때 나는 곧바로 데이트 신청을 했다. 우리는 태프트 호텔에서 식사하고 엠파이어스테이트 빌딩을 구경했다. 이렇게 우리 이야기는 시작되었다. 당시 그녀에게 공군에 복무하는 남자 친구가 있었는데 그리 진지한 사이는 아니어서 나와 데이트를 시작한 이후 바로 정리했다.

3개월 뒤 나는 그녀의 가족을 방문해 그 자리에서 청혼했고 그녀도 받아들였다.* 우리는 1958년 10월 4일, 뉴저지 미드베일 Midvale에 있는 그녀의 모교회에서 피터슨 Fred Peterson 목사와 우리의 친한 친구였던 가드너 툭스버리 목사의 공동 주례로 결혼했다.

천국의 결혼

나는 매우 기뻤고 결혼식 내내 떨렸다. 그녀는 조용하고 침착했으며 모든 일이 잘되어 가고 있다는 것을 확신시켜 주듯 내 손을 꼭 붙잡고 있었다. 그 후 그녀는 좋을 때나 어려울 때나 고생스러울 때나 평온할 때나 변함이 없었다. 천국에 결혼이 있다면 그것은 바로 우리의 결혼일 것이다. 우리는 둘 다 다른 인종과 결혼하는 것은 상상해 본 적도 없었다. 그러나 막상 그렇게 결혼하고 보니 그보다 행복할 수가 없었다. 2008년 10월 4일, 우리는 결혼 50주년(금혼식)을 자축했는데, 정말 놀랍고 경이로웠다. 얼마나 복된 일인가! 하나님의 은혜와 자비로우심에 감사드린다.

나의 연애와 결혼에 대해 게일의 부모님과 달리 우리 부모님의 반응은 각자 달랐다. 아버지는 승낙하고 잘되도록 격려했지만, 새어머니는 처음에 격렬하게 반대했다. 나중에 알고 보니 새어머니는 자기 딸들이 내 전철을 따라 미국인과 결혼할 수 있다는 우려를 했었다. 나는 새어머니에게 염려하지 말라고 하면서도 이 문제로 언쟁하고 싶지 않다고 말했다. 그러나 게일과의 관계에 변화가 있을 때마다 새어머니도 알 수 있도록 했다. 결국 새어머니도 나의 뜻을 존중

• 미국의 전통은 청혼을 해도 되는지 여자의 부모에게 먼저 허락을 받는다.

해 주었고 그 이후 모든 것이 순조로웠다. 그러나 게일은 결혼식 날까지 내 부모님을 만나지 못했다. 교회에서 결혼식을 마치고 나는 게일을 집에 데려와 부모님께 인사드렸다. 게일로서는 매우 긴장되는 시간이었을 것이고, 나 또한 게일이 어떤 상황을 맞이할지 알 수 없었다. 그러나 부모님은 게일을 따뜻하게 대해 주었다. 그뿐 아니라 중국 전통에 따라 많은 친구를 초청해 축하연을 열어 주었다.

게일의 부모님은 우리 부모님과는 좀 다르게 대처했다. 나는 그들이 다른 인종과의 결혼에 대해 어떻게 느꼈는지 속마음까지는 알 수 없었지만, 그들은 성도가 성도를 대하는 것처럼 항상 친절하고 친근한 방식, 즉 그리스도인다운 방식으로 나를 대했다. 그분들 마음에는 외동딸의 행복과 가장 좋은 것을 누리도록 하는 것 외에는 관심이 없었을지도 모른다. 그분들이 우리의 연애 과정과 결혼을 어떻게 바라보았을까 반추해 보면 사도 바울이 고린도교회에 쓴 말씀이 생각난다. "사랑은 오래 참고 사랑은 온유하며 시기하지 아니하며 사랑은 자랑하지 아니하며 교만하지 아니하며 무례히 행하지 아니하며 자기의 유익을 구하지 아니하며 성내지 아니하며 악한 것을 생각하지 아니하며 불의를 기뻐하지 아니하며 진리와 함께 기뻐하고 모든 것을 참으며 모든 것을 믿으며 모든 것을 바라며 모든 것을 견디느니라. 사랑은 언제까지나 떨어지지 아니하되 예언도 폐하고 방언도 그치고 지식도 폐하리라"(고전 13:4-8). 진정으로 그분들은 말과 행동을 통해 가장 고매한 사랑의 전형을 보여 주었다.

우리는 신혼여행으로 뉴잉글랜드의 주들을 통과해 메인주의

포틀랜드까지 운전해 올라갔다. 가을 단풍은 정말 장엄하고 화려했다. 그 이후 그렇게 아름다운 장면은 본 적이 없다. 우리는 캐나다까지 갔고 거기서 그녀의 아버지 쪽 가족을 만났다.

신혼여행에서 돌아오는 길에 우리는 게일의 부모님을 뵙기 위해 뉴저지의 미드베일에 들렀다. 그 후 나의 부모님이 계시는 뉴욕 포레스트힐의 아파트에 갔을 때다. 자동차 트렁크에는 결혼 선물들과 가방, 그리고 결혼 선물로 부모님께 받은 정장 두 벌이 있었고, 뒷좌석에는 카메라가 있었다. 우리는 차를 빌딩 근처에 주차하고 몇 시간 동안 부모님을 뵙고 나왔다. 그런데 차에 돌아와 보니 누군가 가방과 정장, 카메라를 훔쳐 간 것 아닌가. 우리는 냉혹한 현실로 돌아왔다!

삶과 죽음을 가른 그날의 사건

이야기를 좀 되돌려 보겠다. 내가 응급실에서 인턴으로 근무하고 있을 때다. 이미 다른 여러 과를 돌고 인턴 과정이 거의 끝나 가고 있었다. 어느 날 저녁 30대로 보이는 백인 남자가 목에 통증이 있어서 찾아왔다. 내가 진찰할 때는 아무 증상도 없었고 과거력도 없었으며 특별한 의학적 소견도 없었다. 몇 차례 주의 깊게 관찰했지만 아무 증상이 없어서 45분쯤 지나 증상이 다시 나타나면 바로 병원으로 오도록 하고 그를 집에 가게 했다. 그는 바로 진찰대에서 내려와 응급실을 떠났다. 그리고 불과 10-15분 후 그 가족 중 한 사람이 응급실로 뛰어와 소리쳤다. "급해요, 그가 죽어 가요!" 응급실을 떠나 7번가에서 프로스펙트파크웨스트 Prospect Park West 쪽으로 향하던 중 그가 발작을 일으킨 것이다. 그 길은 약간 오르막 경사가 있는 길이었다.

급히 응급 이송 카트를 보냈으나 구급차가 먼저 도착해 그를 킹스카운티병원 Kings County Hospital으로 실어 갔다. 그러나 그는 이미 사망한 뒤였다. 나중에 시행한 부검 결과 심한 관상동맥 질환으로 확진되었다. 그의 관상동맥은 거의 막힐 정도로 심각한 협착이 있었다. 그러나 심근 경색도 없었다. 심근 허혈이 갑자기 치명적 부정맥을 일으켜 사망한 것이 틀림없었다.

이 환자에 대한 결말을 듣고 나는 무척 당황스러웠다. 의사들은 건강 문제만이 아니라 삶과 죽음을 직면해야 한다는 사실을 깨달은 것이다. 그래서 의사는 환자를 최선을 다해 세심하게 진료하도록 수련받아야 한다. 내가 심전도를 찍지 않은 것이 잘못이었을까? 그럴지도 모르지만 심전도는 완벽하게 정상이더라도 심각한 관상동맥 질환이 있었을 가능성은 있다. 내가 운명의 그날 저녁 그를 진찰했을 때는 증상이 미미해져 있었고, 그래서 나는 심전도가 꼭 필요하다고 생각하지 않았다. 나중에 서너 명의 어린 자녀를 포함한 이 환자의 가족은 내가 일하던 감리교병원에 100만 달러가 넘는 소송을 걸었고 결국 30만 달러를 보상해 주게 되었다. 이 어려운 상황을 거치면서 아이러니하게도 나는 인턴 말년에 투표로 선정하는 '올해의 인턴'이 되었다! 두 가지 소식을 나는 동시에 들었다.

이 불행한 충격은 나에게 충분한 수련을 받고 가능한 한 좋은 의사가 되어야 한다는 사실을 깨우쳐 주었다. 이것이 내가 내과 수련 3년에 그치지 않고 순환기내과 수련(1년 5개월 남짓)을 더 하게 된 이유다.

1967년 한국 도착 당시의 주보선 가족.

선교 여정의 시작

뉴욕 브루클린의 감리교병원에서 돌아와 달라고 청하지 않았다면 나는 순환기내과 수련의 과정 2년을 꼬박 채웠을 것이다. 1962년 11월 15일, 감리교병원은 내게 심도자 검사를 할 수 있는 순환기내과 Cardiac Catheterization Laboratory를 세워 달라고 요청했다. 나는 이 일을 무척 열심히 했고 일은 잘 진행되었다. 그런데 1965년 말, 나는 주님께서 이제 나를 선교사로 보내려 하신다고 뚜렷하게 느꼈다. 나는 병원에 이 이야기를 하고 적절한 후임자를 구하도록 했다.

그해 초겨울 하나님의 인도하심을 구하기 위해 3차 세계의료선교대회에 참석했다. 이 대회는 일리노이주 휘턴 Wheaton에서 열렸고, 기독의사회 Christian Medical Society가 후원했다. 거기서 나는 어느 날 아침 예비된 것처럼 설대위 선교사를 만났다. 코트 보관소에 우리 코트가 나란히 걸려 있었기 때문이다. 마침 다른 사람들이 오기 전이어서 우리는 인사를 나누고 서로 소개를 했다. 그는 한국으로 올 내과 의사를 찾고 있었고, 마침 내가 내과 의사인 것을 알게 되었다. 그날 저녁 집회 시간 전에 그를 15분 정도 다시 만났다. 그때 그가 내게 한 가지 질문을 한 것으로 기억한다. "어떻게 주님을 알게 되었습니까?" 그리고 회의장으로 걸어갈 때 그는 이미 전주에 있는 선교사들의 집에 대해 이야기하고 있었다. '이 친구 정말 빠르군! 나는 아직 한국에 갈 것인지도 결정하지 않았는데… 전주에서 생활할 집으로 나를 데려가 버리다니!'

이렇게 일이 시작되었다. 내가 긍정적인 답변을 한 건 긴 시간 열정적으로 기도하고 또 여러 사람과 이야기 나누는 가운데 1년 6개월이 지나서였다. 당시 우려한 건 내가 남장로교에 신학적으로 적절한가 하는 점이었다. 나는 침례교인으로서 보수적인 신앙과 외양을 가지고 있었다. 그러나 올포드 목사가 남장로교 총회장이었던 넬슨 벨 Nelson Bell을 소개해 주었다. 벨은 빌리 그레이엄의 장인으로 매우 잘 알려진 중국 선교사였지만 나는 그가 중국에서 일하는 동안 그를 만나 보는 영광은 누리지 못했다. 벨 목사는 신학적 문제로 고민할 것이 전혀 없다고 나를 설득했다. 그는 예수병원의 선교사들을 모두 아는데 "신학적으로 당신과 똑같다!"고 했다. 그리고 그의 말은 맞았다.

서울 도착

1967년 9월, 드디어 우리는 남장로교의 의료선교사로 한국을 향해 출발했다. 하나님께서 내가 선교사로 헌신하기 원하신다는 사실을 처음 깨달은 이래 준비와 훈련을 하면서 무려 17년이 흐른 뒤였다.

권익수·권애순 부부가 김포공항으로 마중 나와 세관 통과를 도와주었다. 그리고 서울 선교부 대표였던 페트리 미첼Petrie Mitchel이 노란색 스쿨버스를 빌려 와 우리를 태웠다. 비가 억수로 쏟아진 날이었다. 선교부에 거의 다 왔을 때 차가 작은 언덕에서 미끄러지면서 그만 진흙탕에 빠져 버렸다. 페트리가 차에서 내려 진흙탕에 엎드려 차 바퀴가 빠져나오도록 애쓰던 모습은 매우 인상적이었다. 이렇게 우리는 커다란 여행용 가방들과 걸음마를 배우는 아이를 포함한 세 아이를 동반하고 대대적으로 한국에 도착했다. 필립은 일곱 살, 루이사는 다섯 살, 리디아Lydia는 두 살이었다.

우리는 서울의 연세대학교 한국어학당에서 한국말을 배우며 그곳에 있는 숙소에 머물렀다. 우리는 4년 동안 사역하기로 되어 단기 선교사로 분류되었기 때문에 평생 선교사와 달리 언어 연수 기간이 3개월만 주어졌다. 그러나 그것은 매우 부적절한 정책이었다. 한국어학당에서 우리는 한글 단어의 70퍼센트가 한자에서 왔다고 들었고 신문에는 한글보다 한자가 더 많았다. 중국인이라는 내 배경을 고려했을 때 한국어를 매우 쉽게 배울 수 있으리라 생각했다. 그러나 실망스럽게도 그렇지 않았다. 오히려 나의 중국인 배경은 여러 면에서 도움이 되지 않았다. 첫째, 한자를 보면서 나는 중국식으로 발음하곤 했는데 그것이 한국 발음과는 많이 달랐다. 차라리 처음부터 한국 발음으로 배우는 것이 더 쉬웠을 것이다. 둘째, 같은 단어를 한국과 중국에서 상당히 다른 의미로 사용하고 있었다. 예를 들어, 한국어에서 '질문'이라는 단어는 단순히 '묻는 것'(명사)을 의미하는 반면 현대 중국어에서 이 단어는 책임을 묻기 위한 심문을 의미한다. 셋째, 문법적으로 중국어는 영어에 훨씬 더 가깝고 어순도 주어, 동사, 목적어 순이다. 그러나 한국어는 독일어와 가까워서 동사가 문장의 끝에 온다. 넷째, 중국어와 비교할 때 한국어는 매우 까다로운 언어다. 중국어에는 시제나 성별이 없으며 본질적으로 두 가지 수준의 말하기만 있다.

    선교사들이 한국어를 배우기가 매우 어렵다는 예 중 하나로 구바울 Paul Crane 의 일화가 유명하다. 그는 박정희 대통령이 케네디 John F. Kennedy 대통령(1961년)과 존슨 Lyndon B. Johnson 대통령(1965년)을 만나기 위해 워싱턴에 갔을 때, 그리고 1966년 존슨 대통령이 한국에 국빈으로 방문했을 때 공식 통역관이었다. 그는 선교사 자녀로 한국에서 자라 한국 문화와 한국말에 능통했다. 그런 그도 통역 현장의 긴장감 때문이었는지 순간적인 부주의로 실수를 한 적이 있다. 1966년 존슨 대통령의 연설을 동시통역하면서 북한군을 지칭하며 존칭을 사용한 것이다. 북한은 한국의 적이었기 때문에 당시 그 통역은 한국인 청중의 웃음을 불러일으켰다.

    서울에서 어학당에 다니는 동안 전주 예수병원의 동료가 나를 호출했다. 예수병원 부설 간호학교 엄재정 교장 선생님의 누이가 심한 위장관 질환을 앓고 있었는데, 내게 진찰을 요청한 것이다.

나는 진찰을 했지만 의학적으로 중요한 징후를 찾지 못했다. 그러나 환자의 말에 의하면, 서 있을 때 소변 색이 짙은 와인 색으로 변한다고 했다. 포르피린증이라는 짐작이 갔다. 나는 세브란스병원으로 소변을 보내 분석을 요청했다. 포르피린 대사산물이 강한 양성으로 나타났다. 이 환자가 한국에서 두 번째로 밝혀진 포르피린증 환자였고, 학회에 발표되어 관심을 끌기도 했다. 그러나 불행히도 환자는 살아남지 못했다.

전주 예수병원 도착

이 진료 덕분에 전주에 내려와 처음으로 구바울을 비롯해 다른 선교사들을 만나게 되었다. 구바울은 항상 큰 뜻을 품고 위대한 일을 시도하는 비전을 가진 사람이었다. 중국 선교사의 딸로 난징에서 태어난 구바울의 아내 소피 Sophie M. Crane 는 매우 따뜻하고 친절한 사람이었다.

나는 서울에서 전주로 가는 기차의 삼등칸에 탔다. 초저녁 무렵 전주역에 도착했으나 아무도 보이지 않았다. 그래서 기차의 반대편 끝에 있는 일등칸 쪽으로 걸어갔다. 거기서 구바울과 함께 "추박사님! 전주에 오신 것을 환영합니다!"라고 쓴 깃발과 플래카드를 들고 나온 중국인들을 만났다. 이들은 전주에 사는 화교들로 나를 환영하기 위해 구바울이 동원한 사람들이었다. 그들은 예수병원에 중국인 의사가 일하게 된다는 사실에 매우 고무되어 있었다.

전주역에서 출발해 선교사촌에 도착하자 다른 선교사들이 나를 만나기 위해 기다리고 있었다. 그런데 전주역에서부터 화교들이 동행하는 바람에 동료 선교사들과는 제대로 인사조차 할 수 없어 조금 당황스러웠다. 동료 선교사들이 중국인들의 존재로 인해 불편했는지 아니면 이들 중국인 대부분이 전주 시내 중식당의 주인이었으니 혹 즐거웠는지는 잘 모르겠다. 그중에 임쿼량 Im Quo-liang 이라는 사람은 화교학교의 교장이었다. 나중에 알았지만 이들은 모두 대만의 국민당 지지자들로서 장제스 정부의 지원을 받고 있었다. 임 교장은 해마다 여러 차례 대만을 방문하곤 했다. 그는 한국을 떠나 캘리포니아주 서니베일 Sunny Vale 로 이주했고 미국에 가자마자 나에게 전화를 하기도 했지만 그것이 마지막이었다.

전주에 거주하는 중국인 중 그리스도인은 한 사람도 없었다. 나는 시간이 나는 대로 화교학교 교장에게 복음에 관해 이야기하고 중국어 성경을 건네기도 했다. 그는 관심을 보이긴 했지만 대부분의 중국인, 특히 지식인들이 그렇듯 거기서 한 발짝도 나가지 않았다.

전주에서 45킬로미터쯤 떨어진 군산에 조그만 중국인 교회가 있었다. 나는 그 교회에 가끔 갔고 때때로 설교도 했다. 목사가 공석이던 기간에는 계속해서 강단을 지킨 적도 있고, 보요한에게 설교를 부탁하고 내가 통역을 한 적도 있다.

서울과 부산에 큰 중국인 교회가 있었지만 나는 한국에 있는 동안 그 교회에 관심을 두지 않았고 또 거기서 초대받은 적도 없다.

나 스스로 그 교회들과 관계를 맺으려고 노력하지 않았고, 화교 대부분이 각자의 정치적 입장 때문에 서로 경계하는 분위기가 있었던 탓도 있다. 하지만 진료를 받으러 온 그 교회들의 꽤 많은 성도를 예수병원에서 만났다.

내과 의사들과 영어 성경 공부를 하는 모습.

예수병원에서의 첫 번째 임기

전주에 와서 바로 시작한 일은 내과의 한국인 인턴과 전공의들을 위한 영어 성경 공부였다. 이를 통해 그들의 성경 지식과 영어 실력을 향상시키고자 했다. 그런데 그것이 처음 있는 일이었다는 사실은 몰랐다. 곧바로 병원의 다른 부서에서도 성경 공부가 시작되었다. 권애순은 행정부서에서, 그리고 설대위는 외과에서 각각 성경 공부를 시작했다.

하나님께서는 이 성경 공부 시간을 통해 병원의 수련의와 직원 들이 그리스도의 성품을 닮아 가도록 인도하셨다. 사람들이 '예수병원'이라고 부르는 이 병원을 이 세상의 다른 병원들과 구별되는 특별한 병원으로 만들어 가고 계셨다. 예수병원의 직원이 되려면 세례를 받았거나 최소한 세례를 준비하는 학습사여야 했다. 나는 우스갯소리로 '세계에서 단위 면적당 가장 많은 집사와 장로가 있는 곳이 예수병원'이라고 말하곤 했다. 정말 그랬다. 환자의 변기통을 방금 비운 그 보조원이 같은 교회의 장로일 수 있었다. 이 병원에서 예수님을 전하는 일은 누구에게나 주어진 매우 강력한 사명이었다. 헌신된 병원 직원들 말고도 병원을 돌아다니며 환자들을 위해 전도하고 기도하는 전도사도 여럿 있었다. 내가 근무하는 동안 해마다 결신자가 보통 2천 명이 넘었다. 1년에 1만 2천 명이 입원하는 400병상 규모의 병원으로서는 대단한 결실이라 할 수 있다. 물론 그들이 연약한 상태에 있는 환자였다는 점을 감안하면 그리 놀라운 일이 아닐 수도 있다. 어쩌면 그 말이 맞다. 하지만 그럼에도 불구하고 '인간의 극한 상황은 종종 하나님의 기회이기도 하다.'

하나님의 뜻이 최선의 길

나는 한국 생활 초기에 한국의 전통적인 믿음 때문에 종종 어려움을 겪었다. 한국인들은 사람이 객사 客死하면 그 영혼이 저승에서 안식처를 찾지 못하고 이승에서 영원히 방황한다고 믿었다. 그래서 치료 중에 환자의 상태가 나빠지면 가족들은 그가 객사하지 않도록 집으로 데려가겠다고 하곤 했다. 문제는 환자의 상태가 위중하기는 하지만 의료적으로 볼 때 회생할 수 있는 희망이 전혀 없지 않은 경우였다. 의사가 봤을 때 치료를 유지하면 어느 정도 회복할 가능성이 있는데 포기하고 집으로 데려가면 죽을 가능성이 아주 높았기 때문이다.

당시에는 사람들이 아프면 먼저 약방으로 가서 약을 지어 먹었다. 그게 효과가 없으면 한방의사에게 가서 한약을 지어 먹고, 그래도 낫지 않으면 서양 의학을 교육받은 의사가 있는 의원을 찾아갔다. 그래도 회복이 안 되면 비로소 우리가 일하는 병원을 찾아왔다. 그러니 당연히 병 상태가 이미 심각해졌을 뿐만 아니라 여러 의원을 거치며 갖가지 약을 쓴 후라 돈도 희망도 없는 상태인 경우가 많았다. 게다가 당시 한국의 시골은 대개 대가족으로 4-6명의 자녀를 두었기 때문에 가족 한 사람의 의료비로 가진 것을 모두 써 버리면 나머지 가족이 살아갈 방법이 없었다.

어느 날 한 여인이 자살을 시도해 병원에 실려 왔다. 그녀는 어려서 팔이 부러졌는데 제대로 치료받지 못한 채 굳어서 한쪽 팔이 구부러져 짧은 상태로 살았다. 어떤 종류든 신체적으로 장애가 있으면 사회적 낙인으로 작용하는 시절이었다. 그녀가 혼기에 이르자 부모는 그녀를 마을의 한 백치에게 시집을 보내려고 했다. 그녀는 그렇게 수치스럽게 사느니 죽음을 택하겠다고 살충제를 과량 먹은 것이었다. 처음 실려 왔을 때 상태가 아주 심각했다. 위장을 세척하고, 살충제에 대한 길항제를 투여했으며, 몸에서 약물이 다 씻겨 나갈 때까지 버티도록 인공호흡기를 연결해 호흡을 보조했다. 그렇게 한참 고비를 넘기고 있을 때 그녀의 어머니가 나타났다. 딸을 데리고 가서 집에서 죽게 하겠다는 것이었다. 비록 상태가 위중하기는 했지만 내 생각에 살 가능성이 있었다. 그래서 나는 퇴원 수속을 거부했다. 우리는 진료실에서 다른 많은 환자와 보호자가 듣는 가운데 격렬한 논쟁을 벌였다. 마침내 그녀의 어머니가 벌떡 일어서서 내게 외쳤다. "저 애 죽으면 나한테 시체나 보내세요!" 그러고는 진료실을 뛰쳐나갔다. 하나님의 은혜로 그녀는 죽지 않고 살았다.

또 다른 환자의 가족이 나를 만나기 위해 기다리고 있었다. 임신중독증이 심한 산모를 집으로 데려가기 위해 서명하려는 것이었다. 그러나 신체 기형이 있었던 젊은 산모의 어머니는 결국 나를 난처하게 만들지 않고 환자를 병원에 있도록 했다. 그녀도 살았다.

내가 한국의 전통문화와 대립하는 것이 옳은 일이었을까? 적어도 나는 그것이 생명이 걸린 문제고 생명을 구할 방법이 있는 상황에서는 내가 옳다고 믿었다. 그러나 나도 선교사로서 거의 말년에 이르러서는 의학적으로 최선을 다한 후에도 최악의 상태인 환자의 경우 가족의 요청에 따라 집으로 보내기도 했다. 아마 내가 한국화된 것인지도 모른다. 그러면 내가 틀린 것일까? 꼭 그렇지만은 않은 것 같다. 우리는 누구나 자신의 판단이 항상 옳지는 않다는 점을 기억해야 한다. 중증인 열아홉 살 남자가 있었는데 우리는 그가 죽을 것으로 예상해서 가족의 요청대로 집으로 데려가도록 허락했다. 그러나 한 달 반쯤 지나서 그는 살아서 내 진료실에 걸어 들어왔다. 가족들이 그를 한의사에게 데려가 한약을 먹였는데 그 이후 회복했다는 것이다. 이 경우는 집으로 보낸 것이 결국 잘한 결정이 되었다. 우리는 그가 살 수 있을지 알 수 없었고 의학적으로 더 도울 일이 없다고 생각했지만 하나님은 달랐다. 물론 우리는 그 환자의 치유를 위해 기도했고, 하나님은 하나님의 방법으로 응답하셨다. 하나님은 그 젊은이를 향한 "선하시고 기뻐하시고 온전하신" 것이 무엇인지 알고 계셨다(롬 12:2).

하나님의 뜻은 환자에게만이 아니라 우리에게도 항상 최선의 길이 된다. 그래서 우리는 하나님의 뜻을 분별해야 한다. 그렇게 함으로써 우리의 마음을 새롭게 하고 또 변화를 받는 것이다.

예방의학과 지역 병원

전주에서 일한 지 1년이 지났을 때 우요한 부부 John & Nancy Wilson가 예수병원의 선교팀에 합류했다. 우요한은 소아청소년과 의사고, 그의 부모도 선교사로 광주와 순천에서 사역했다. 특히 그의 아버지 우월손 Robert M. Wilson 은 나환자 사역으로 잘 알려져 있었고, 여수 애양원은 그의 이름을 따서 영문으로는 월슨한센병센터 Wilson Leprosy Center라고 불린다. 우요한은 어려서 평양에 있던 선교사 자녀 학교에 다녔다. 병원에 의료진으로 합류하고 얼마 지나지 않아 그는 자신이 진료하는 아이들이 너무 중증 상태여서 생명을 구하기가 어렵다는 사실을 알게 되었다. 그래서 그는 아이들이 그렇게 심각해지기 전에 그들에게 다가가는 예방의학에 집중하기로 했다. 이렇게 해서 그는 질병을 예방하는 일에서 선구자 역할을 했고, 그 결과 우리 병원이 돌보는 지역사회, 특히 가난한 농촌 지역의 보건 수준이 향상되었다.

사실 그때쯤 의료선교사들 사이에 비판적 자각이 일어나고 있었다. 너무 많은 자원이 병원을 유지하는 데 사용되고 있다는 생각이었다. 물론 이런 병원이 필요하긴 하지만 전체 인구를 고려했을 때 비용 대비 효과가 떨어진다고 생각되었다. 이 중 일부만이라도 예방의학과 건강 교육에 적절하게 잘 사용하면 지역 사람들의 건강 증진에 훨씬 효율적일 것이었다. 이것은 사고의 전환이었고 우리 병원이 지역사회 보건 사업을 시작하는 계기가 되었다.

우요한의 사역은 이것이 매우 효과적임을 증명했다. 그가 한국을 떠난 뒤인 1971년 병원에는 지역사회보건과가 개설되었다. 그뿐만 아니라 본원에서 45킬로미터쯤 떨어진 완주 소양면에 30병상 규모의 자병원子病院도 세워져서 상대적으로 덜 중한 환자를 치료하게 되었다. 그 근처의 지역 교회와 그리스도인들은 건강증진 사업과 건강 교육을 돕기 위해 줄지어 나섰다. 이런 일은 불과 수년 사이에 벌어졌고, 나는 이 일들에 긴밀히 참여했다.

내가 너무 앞서서 이야기를 한 것 같다. 이야기를 이어가기 전에 개인적으로 매우 중요한 일이었던 넷째 아들 피터의 탄생을 언급하고 넘어가겠다. 피터는 내가 한국에서 첫 번째 선교사역 중이었던 1969년 4월 12일에 태어나 우리 가족의 큰 기쁨이 되었다.

다섯 자녀와 장인을 동반한 두 번째 임기

앞서 말한 바와 같이 우리는 처음 한국에 왔을 때 단기 선교사로 임명되었다. 우리가 한국으로 떠나올 때 장모님은 건강이 좋지 않았다. 당뇨와 고혈압 때문이었다. 1971년 미국으로 돌아갔을 때 우리 가족의 상황이 어떻게 전개될지 몰랐고 한국으로 다시 갈 계획도 뚜렷하지 않았다. 나는 브루클린의 감리교병원에서 일하게 되었고, 뉴저지주 페콰녹Pequannock에 집을 마련했다. 1년 뒤 1972년 8월 2일, 장인의 생일날 장모님이 돌아가셨다. 나는 브루클린에 있는 병원으로 출근하기 위해 버스를 타던 정류장에서 아내를 만났는데, 매우 어둡고 우울한 표정으로 "어머니가 돌아가셨어요"라고 말하던 그 모습이 생생하다. 게일은 장모님의 건강이 나쁘긴 했지만 그렇게 빨리 돌아가시리라고는 예상하지 못했다.

며칠 후 장례 예배를 드렸다. 슬픔 가운데서도 아름다운 삶을 산 한 사람을 기리고 감사하는 시간이었다. 나는 종종 장모님에게 최고의 찬사를 하곤 했는데, 그것은 외동딸을 애지중지해서 버릇없

전주에서 장인과 다섯 자녀와 함께.

게 만들거나 망치지 않고 훌륭한 사람으로 키워 낸 점에 대한 것이었다. 아내의 부모님도 내 부모님처럼 "우리를 돌보는 것은 너의 의무다"라고 요구할 수 있었다. 그러나 그분들은 결코 그런 말을 꺼낸 적이 없었다.

'마케도니아로의 부르심'

장모님이 돌아가시고 장인을 우리 집으로 모셨다. 우리는 주님이 원하시면 다시 한국으로 갈 것이라고 말씀드리며 장인께 함께 갈 의향이 있는지 물었다. 장인은 그러겠다고 대답했다. 그래서 우리는 다시 한국으로 나갈 가능성을 타진했다. 그러던 어느 날 장인이 원인 모를 실신을 했고, 병원에 모시고 가 보니 위장관 출혈이 있었던 것으로 확인되었다. 우리에게 아무 내색도 하지 않았지만 한국에 간다는 것이 장인께는 그토록 스트레스가 되었던 것이다.

한편 예수병원에서는 많은 사람이 우리를 다시 한국으로 돌아오게 하려고 애쓰고 있었다. 나는 특히 편지 하나를 생생하게 기억한다. 그것은 이북에서 월남한 신앙심 깊은 신경외과 의사 박영훈이 보내온 것이다. 그는 자신의 편지를 우리가 한국에서 일하도록 부르시는 하나님의 '마게도니아로의 부르심'으로 여겨야 한다고 썼다. 그것은 우리의 마음을 움직이는 말이었다. 그러나 아내는 임신 중이었고 1973년 7월 31일에 데이비Davy가 태어났다. 우리는 데이비가 조금 크면 한국에 돌아가기로 마음먹었고 결국 1974년 여름에 두 번째로 한국에 들어가게 되었다. 이때 우리는 자녀 다섯 명뿐 아니라 장인 쿠퍼와도 동행했다.

장인의 중풍

전주에 다시 정착한 뒤 우리는 장인의 동의를 받고 장인에게 한국말을 가르쳐 줄 교사를 고용했다. 그러나 한국말 교사의 열정과 달리 장인은 이미 귀가 어두워져서 한국말을 듣기도 어려웠고 기억력도 상당히 쇠퇴한 상태였다. 그러나 장인은 한국 생활에 꽤 잘 적응했다. 종종 그는 우리 중 누군가를 통역으로 동행하지 않고 혼자 시내에 나가 쇼핑을 하기도 했다. 분명 가게의 누군가 영어를 할 줄 아는 사람이 도와주었을 것이다.

미국을 떠나기 전 우리는 2년쯤 후 다시 미국으로 돌아오겠다고 약속했었다. 그래서 1976년 어느 날 미국행 비행기표를 사러 서울에 갔다 돌아왔는데 누군가 "할아버지가 쓰러지셨어요!"라고 외쳤다. 상황을 자세히 알 수는 없었지만, 장인은 콩깍지를 까다가 중풍이 발생했고 우측 마비가 와 있었다. 잠시 병원에 입원하고 그 후 다행히 잘 회복되어 장인은 보조기를 이용해 돌아다닐 수 있게 되었다. 하지만 이 일로 인해 장인의 여행이 쉽지 않을 것으로 판단되어 우리는 차라리 2년 더 일하고 안식년을 갖기로 계획을 바꾸었다. 안식년을 보내기 위해 귀국 후 아내는 장인을 모시고 캐나다로 갔다.

소아마비 백신

두 번째 임기 말인 1978년, 우리는 테네시주 멤피스memphis로 안식년을 떠났다. 심장 초음파 연수가 필요했는데 설대위가 멤피스에 사는 지인을 소개해 주었기 때문이다. 우리는 설대위가 소개한 사무엘슨 부부 Chuck & Tatti Samuelson가 다니는 제2장로교회에 다니게 되었다. 이 교회 성도들은 우리에게 가구가 갖춰진 집뿐만 아니라 두 아들의 학비를 위한 장학금과 중고 지프차를 제공했다. 그런데 자동차의 뒷바퀴가 흔들거려서 언제든 빠져나갈 것 같았고 몇 차례 멈춰 서기도 했다. 어떤 운전자들은 "당신 차 뒷바퀴가 빠질 것 같아요"라고 말해 주기도 했지만 결코 그런 일은 벌어지지 않았다.

제2장로교회 성도들과 이야기하던 중 1963년 이후 전 세계적으로 경구 소아마비 백신이 사용되고 있음에도 불구하고 여전히 소아마비가 발생하고 있는 한국의 상황을 언급했다. 당시 한국 정부의 재정 여력은 한국 어린이에게 필요한 소아마비 백신 3회 중 1회밖에 감당할 수 없는 상황이었다. 이 사실은 제2장로교회에 큰 관심을 불러일으켰고, 그들은 우리가 전북 지방에서 사용할 수 있는 경구 소아마비 백신을 공급하기 위해 30만 달러를 모금했다. 우리는 전북 지역 모든 학교 어린이에게 두 번의 추가 경구 백신을 투여할 수 있었다. 이 일은 우리가 세 번째 임기로 다시 한국에 돌아온 1979년에 시행되었다.

어린이들에게 경구 소아마비 백신을 투여하는 주보선.

큰아들의 암 투병으로 시작한 세 번째 임기

큰아들 필립은 우리가 멤피스에 가던 해에 칼빈 대학교에서 수학했다. 필립은 1, 2학년을 방학 없이 마치고 3학년 과정을 시작하기 전에 한국에 와서 좀더 오래 머물 계획이었다. 1979년 말 크리스마스 즈음 필립은 한국에 왔다. 어느 날 필립은 대수롭지 않게 농구를 할 때 약간 무릎이 아프다고 했다. 그러나 곧 오른쪽 발의 통증이 심해지고 무릎이 붓기 시작했다. 엑스선 사진에는 특별한 변화가 보이지 않았다. 그러나 통증이 지속되어 정형외과 의사인 서요한 John Show 선교사에게 진료를 부탁했다.* 그는 사진을 자세히 보더니 오른쪽 무릎 상부에 뭔가 의심되는 부분이 있다고 했다. 그러나 하필 사진의 그 부위에 필립의 이름이 표기되어 있어 다시 사진을

- 서요한은 정형외과 의사로 작업치료사인 부인 서신애(Sharon Ulrich Shaw)와 함께 1971년 한국에 선교사로 파송되어 예수병원에서 일했다. 그는 재건 수술을 받고도 재활하지 못하는 장애인들을 위해 다시 재활의학을 공부하고 돌아와 우리나라에 최초로 재활의학과를 도입한 선교사다.

찍었다. 그 자리에 확실하게 자라나고 있는 병변이 나타났다.

이런 병변이 필립의 나이에 나타나면 골육종 Osteosarcoma 일 가능성이 매우 높았다. 심각한 병임을 알아차린 설대위는 뉴욕의 슬로안케터링기념암센터 Memorial Sloan Kettering Cancer Center 에 전화를 걸어 생검과 치료에 대해 문의했다. 거기에서는 골육종에 대한 새로운 항암제 치료가 있으니 아무것도 하지 말고 환자를 보내라고 했다. 필립과 나는 1980년 4, 5월경 뉴욕으로 출발했다. 우리는 모세 Moses Hsu 와 샬롯 Charlotte Tan 의 집에 머물면서 슬로안케터링기념암센터에서 검사를 진행했다. 결국 필립은 골육종으로 확진되었는데, 다행히 다른 곳에 전이 소견은 없었다. 그러나 미세 전이를 염두에 두고 먼저 항암제 치료를 한 뒤 넓적다리뼈 중간 부위 아래를 절단하는 수술을 진행했다. 아내와 가족 모두 미국으로 돌아왔다. 그 사이에 뉴욕주 채퍼과 Chappaqua 에 살던 나의 형 필립의 아내 에스더가 우리가 거주할 집을 캐토나 Katonah 에 구해 주었다.

그 후 9개월 동안 필립은 3주마다 일주일씩 주사를 맞는 끔찍한 항암제 치료를 견뎌야 했다. 그동안 조류에 관한 필립의 애정과 관심은 그가 겪어야 했던 끔찍한 시련을 견뎌 내는 데 도움이 되었다. 나는 필립이 가고 싶어 하는 곳에 운전하여 데려간 숱한 날들을 기억한다. 목적지에 도착하면 필립은 차에서 내려 보고 싶은 새들을 찾아다녔고, 나는 차 안에서 가지고 간 「뉴욕타임스」를 읽었다. 필립의 친한 친구인 가미지 Lee Gammage 가 종종 찾아와 함께 새를 보러 가기도 했다.

1981년 6월 드디어 필립은 긴 치료를 마치고 칼빈 대학으로 돌아가 공부를 재개했다. 필립은 1982년 12월에 학부를 마치고 5년 동안 일한 뒤 미시간 대학교 대학원에 진학했다. 6년 뒤 필립은 이 학박사 학위를 받았다. 지금 뒤돌아보니 벌써 26년이 지났다.* 그때 필립의 암이 완치된 것이 얼마나 감사한지 모른다. 게다가 그 독한 항암제 치료를 받았음에도 생식 기능이 손상되지 않은 것은 기적 중의 기적이라고 할 수 있다. 하나님께서는 1988년 7월, 필립에게 아름다운 아내 지니 Jeannie 를 주셨고, 2001년 1월에는 사랑스러운 딸 앨러리 Alarie 도 태어났다.

32년 만의 중국 방문

하나 언급하고 지나가야 할 것은 내가 1949년에 중국을 떠난 뒤 처음으로 1981년에 중국을 방문할 기회가 주어졌다는 것이다. 남부교회 Southern Church 의 어느 부자 여인이 쉬저우 徐州 에 안과 진료소를 세우도록 30만 달러를 기부했는데, 이에 대해 중국 교회가 어떻게 나올지 알 수가 없어서 교회는 베이징에 방문단을 보내기로 했다. 방문단은 톰슨 브라운 Thompson G. Brown, 김인식, 구바울과 나를 포함해 총 열 명으로 구성되었다.**

---

* 　주보선은 이 글을 2010년에 완성했다.
** 　톰슨 브라운은 1952년 한국 선교사로 광주에 와서 호남신학교육원을 설립했고 서

우리는 베이징, 난징, 쉬저우, 상하이 등 몇 곳을 방문했고 삼자 애국운동의 지도자 중 악명 높은 팅 Ting 주교와 그 일행을 만났다. 그리고 우리는 가정 교회의 몇몇 성도들을 만났다. 무신론 정부로부터 억압과 적대, 공개적 박해를 받고 인적·재정적 측면에서 선교 지원이 완전히 차단되었음에도 기독교가 살아남아 있다는 사실이 참으로 감동적이고 경이롭게 느껴졌다. 당시 베이징에는 두 개의 교회만 남아 있었는데 대부분 외국인만 참석했고, 상하이에는 공산당이 정권을 잡기 전 많았던 교회가 일곱 개만 남아 있었다. 그리스도인들, 특히 잘 알려진 리더들은 재판을 받거나 감옥에 갇히거나 살해되었다. 성경은 압수되고 불태워졌다. 그리스도인들은 부분적으로나마 성경을 외우고 서로 만나면 이것을 공유함으로써 버텼다.

팅 주교는 진짜 신자인지 아니면 기회주의자이자 정치가로서 교회를 분열하는 일에 공산주의자들에게 이용당한 것인지 의문이 남는 인물이었다. 나는 개인적으로 그가 정치적 야심 때문에 길을 잃은 신자라고 생각한다. 그가 기도하는 것을 들었을 때, 진짜 신자가 아니라면 저렇게 기도할 수 없다는 생각이 들었다. 물론 내가 틀

울의 장로교신학대학교에서도 가르쳤다. 귀국 후에는 미국 남장로교 총회 세계선교부 책임자로 일하면서 중국 선교에 많은 기여를 했다. 저서로는 *Christianity in the People's Republic of China* (John Knox Press, 1983)와 한국어로 번역된 바 있는 1984년 저작 『한국 선교 이야기』(*Mission to Korea*, 동연), *Presbyterians in World Mission* (CTS Press, 1995) 등이 있다. 김인식은 미국장로교 총회 선교부의 아시아태평양 지역 총무였다.

릴 수도 있다. 어쨌든 그와 같은 사람을 만나러 중국에 간 것은 아니었다. 우리는 중국 교회가 의료 사업을 위해 미국 교회의 헌금을 받을 수 있는지 알아보러 갔다. 그 질문에 대해 우리는 '아니오'라는 답을 얻었다. 중국의 신자들은 중국 교회가 '제국주의자'들의 돈을 받는다면 정부가 '자존심'도 없는 비애국자라는 딱지를 붙일까 봐 두려워했다. 다행히 이것이 이 이야기의 끝은 아니다. 3년 뒤 중국 교회는 마음을 바꿔 쉬저우에 안과 진료소를 개설하기 위한 재정 지원을 받아들였다.

우리는 일요일을 포함해 일주일 동안 중국에 있었다. 공산당은 우리가 단체로 교회에 가는 것을 허락하지 않았다. 그들은 김인식을 어느 교회에 데려갔는데 그가 중국어를 이해하지 못한다는 것을 알았기 때문이다. 교회는 하나의 넓은 공간이 아니라 여러 개의 방에 사람들이 빽빽하게 모여 있었다고 한다. 설교자들은 원고를 미리 당국에 보내 승인을 받아야 했고 정치 사안에 대해 설교하는 것은 금지되었다.

그런 상황에서 하나님의 말씀은 강력하게 적극적으로 선포되었고 많은 사람이 구원받았다. 베이징 주재 「타임」의 지국장으로 베테랑 기자였던 에이크만 David Aikman 이 쓴 책(*Jesus in Beijing*, 2003)에 따르면, 개신교와 가톨릭 신자를 합하면 정부 공식 발표인 2100만 명이 아니라 8천만 명에 가깝다고 한다. 진실은 누구도 정확히 알 수 없지만, 확실한 것은 중국 정부가 1960년대 문화혁명 기간 중 강경하게 억압하던 종교활동을 1979년 이후 완화하기 시작했고 기독교가 믿기 어려운 속도로 성장했다는 사실이다. 분명히 신자들은 공산당과 인민군에게까지 파고들었다. 참으로 놀라운 일 아닌가!

기러기 가족 시절

나의 장인 쿠퍼는 1976년에 중풍으로 쓰러졌다. 1980년 아내와 아이들이 모두 미국으로 돌아와 뉴욕의 캐토나에 사는 동안 장인도 우리와 함께 살았다. 중풍이 있고 3년쯤 지난 때였다. 1981년 필립의 치료가 끝나고 한국으로 돌아가려 했을 때 장인과 함께 한국에 돌아가는 것은 어렵겠다고 생각되었다. 그래서 아직 한국에서 고등학교에 다니는 아이들과 내가 먼저 한국으로 가고 아내와 다른 자녀들은 장인과 함께 미국에 남기로 했다. 장인은 1-2년 이상 살기 어려워 보였지만 결국 3년을 더 살았고, 아내는 예상보다 1년 더 미국에 남아 있어야 했다.

이 기간에 나는 아내와 떨어져 지내야 했지만, 언제나 자녀 중 한 명은 나와 함께 있었다. 예를 들면 1981년부터 1982년까지는 리디아가 있었고, 1982년부터 1985년까지는 피터가 함께 있었다. 우리는 성탄절과 여름 휴가 때만 미국에 다녀왔다. 이 기간이 나에게는 가장 힘든 시간이었다. 아이들은 대전이나 미국의 학교 기숙사에서 지냈고 나는 홀로 전주에 있어야 했다. 연휴나 주말이 되어야 자녀들이 뛰는 운동 경기를 보러 대전에 가서 아이들을 볼 수 있었다(마침 나는 팀 닥터였다). 물론 동료 선교사들과 한국 동료들은 나를 매우 따뜻하게 대해 주었다. 권익수 부부는 가족같이 친밀했고, 많은 한국 동료들이 나를 집이나 식당으로 초대했으며, 어떤 이는 정기적으로 초대해 주었다.

한편 아내는 아이들과 함께 뉴욕에 있었다. 더구나 일이 복잡했던 것은 몇 년 전 남편을 잃은 아내의 이모 에스더 Esther가 1982년에 우리와 함께 살게 된 것이다. 이모부 로열 Royal이 돌아가신 뒤 홀로 외롭게 지내는 것을 아내가 안쓰러워했기 때문이다. 장인 쿠퍼는 1984년 9월 23일에 돌아가셨다. 아내는 어머니에 대한 이야기를 담은 추모사를 했다. 장인은 뉴저지주 펌프턴레이크스 Pompton Lakes의 장모 곁에 묻혔다. 1985년 초 우리와 함께 3년을 지냈던 아내의 이모가 자살을 시도했다. 어느 날 평소 같으면 보여야 할 이모가 나타나지 않았고 아내는 깊이 잠든 상태의 이모를 발견했다. 우울증 때문이었는지 아니면 우리가 예정대로 한국으로 돌아가는 것을 막으려는 서툰 시도였는지는 알 수 없었다.

그해 가을 나는 아내와 피터, 데이비를 데리고 한국으로 돌아왔다. 루이사는 기특하게도 이모를 모시고 노스캐롤라이나로 이사했다. 이때 루이사는 예일 대학교를 막 졸업했고, 리디아는 댈러스의 베일러 대학교 간호학과 4학년을 시작했다. 이때쯤 리디아는 베일러 대학에서 만난 팀 Tim Butcher과의 관계가 깊어지고 있었다. 팀은 1984년 여름 캐토나에 와서 우리와 함께 지내기도 했다. 나는 팀의 신앙을 확인하려고 했던 기억이 난다. 그러나 내가 미처 말을 꺼내기도 전에 그는 자신의 신앙에 관해 이야기했는데, 오히려 내 신앙을 돌아보아야 할 정도로 돈독했다. 1985년 가을 그는 켄터키주 루이빌에 있는 남침례신학교에서 신학 공부를 시작했다. 리디아는 1986년 봄에 결혼할 예정이라고 했다. 그래서 그해 3월 아내는 리디아의 결혼 준비를 위해 댈러스로 갔다. 리디아는 5월에 베일러 간호대학을 졸업했고, 피터는 그다음 달 대전에서 고등학교를 졸업했다. 우리는 리디아와 팀의 결혼식을 위해 웨이코로 갔다. 우리 자녀 중 리디아가 처음 결혼하는 것이었다.

나와 아내 그리고 막내 데이비는 한국으로 돌아왔고, 피터는 밴더빌트 대학교에서 1학년을 시작했다. 우리 자녀들은 그 후 모두 훌륭한 배우자를 만나 행복한 결혼 생활을 하고 있다. 이 모든 것을 하나님께 감사드린다.

21년간의 섬김, 그리고 정년

1985년, 한국에 돌아왔을 때 나는 나이 때문에 장로교 규정상 선교사로서 마지막 임기를 맞았다. 이때부터는 병원에서 진료 외에 기독의학연구원Christian Medical Research Center, CMRC에 관한 책임이 주 업무가 되었다. 설대위가 안식년에서 돌아올 때까지 나는 이 일을 계속해야 했다. 그때까지 내가 한 연구는 모두 환자를 대상으로 하는 임상 시험이 전부였다. 몇 가지 약물에 대한 이런 실험 외에 나는 순수 기초 연구를 수행해 본 적이 거의 없었다. 어떤 의미에서 이 일은 내가 그리 편안하게 할 수 있는 영역은 아니었는지 모른다. 함께 일했던 랩Naville S. Rapp 박사는 설대위가 기독의학연구원에 영입한 화학 분야의 박사였다.

우리에게 주어진 과제 중 하나는 동아시아 및 동남아시아 나라에 있는 기독 병원들이 어떤 일을 하고 있는지, 특별히 연구 분야에서는 어떻게 하고 있는지 확인하는 일이었다. 그래서 우리는 홍콩, 필리핀, 대만, 일본을 방문하는 탐사 여행을 하게 되었다. 아내는 대

세 아들과 두 딸, 그리고 그 배우자들과 함께한 주보선 부부.

만까지는 동행했으나 학교 봄방학으로 집에 돌아오는 데이비와 함께 지내기 위해 귀국했고 나는 일본까지 다녀서 돌아왔다. 이 여행에 대해서 구두 발표는 했지만 문서화하지는 않았다. 그 이유는 예수병원이 다른 어느 병원보다 훨씬 더 많은 일을 하고 있었기 때문이다. 물론 가는 곳마다 훌륭한 섬김의 정신을 볼 수 있었다.

사랑과 은혜를 베풀어 주신 시간들

선교사가 되면 하나님의 은혜로 온 세상을 여행할 수 있는 혜택을 덤으로 누릴 수 있다. 이 조사 여행을 마칠 때쯤 나는 이미 세상을 한 바퀴 이상 돌았고 온갖 다양한 사람들을 만났다. 아내와 나는 대만의 아름다움에 깊이 감동했다.

그러나 대만은 문제를 안고 있었다. 베이징은 대만이 중국을 배신한 중국의 한 지방이라고 주장했고, 대를 이어 대만에 사는 사람들은 특히 천수이볜陳水扁이 이끄는 그룹에 의해 더 강해져서 대만을 독립국이라고 주장했다. 다행히(입장에 따라 불행히도) 천수이볜 정권의 부패로 2008년 선거에서 정권이 바뀌었다. 2008년 5월 「타임」 기사에 따르면, 하버드 대학 출신의 마잉주馬英九가 부패한 전 정권에서 선거에서 승리해 총통이 되었으므로 중국과 대만은 이데올로기 차이를 떠나 "광범위한 경제와 문화 교류"에 역점을 두는 방향 전환을 할 것이고, 따라서 전쟁의 위험은 줄어들 것이라고 한다. 2008년에 올림픽을 치러야 하는 중국의 상황을 생각하면 아무 일

없겠지만 올림픽이 끝나면 어떻게 될지 알 수 없다. 특히 중국이 타 종족 혐오 사상을 가진 자들의 손에 넘어가면 대만을 무력으로 지배한다고 해도 놀라운 일이 아니다.

사실 대만 원주민은 필리핀의 종족과도 연관이 있고 인도네시아와 말레이시아에서 이주해 온 것으로도 알려져 있다. 이 종족들은 마치 미국의 원주민이 유럽 사람들에 의해 격리된 것처럼, 푸젠성福建省과 광둥성廣東省에서 온 중국 한족에 의해 오래전부터 이주당해 살고 있다. 우리가 채플힐 Chapel Hill에 살 때 매주 성서교회의 중국인크리스천펠로우쉽에 참석했는데, 중국 본토와 대만에서 온 학생들이 함께 모여 예배했다. 그들은 같이 조화롭게 일하면서도 수면 아래로 어떤 긴장감을 풍겼다. 물론 나는 그들보다 30-40년 위 연배였기 때문에 어느 그룹에도 속하지 않았다.

마지막 임기의 3년은 매우 빠르게 지나갔다. 우리는 권익수 부부와 함께 한국 국내 여행을 하면서 비무장지대DMZ의 공동경비구역JSA에도 가 보고 동해안 여러 도시와 마을을 여행했다. 매우 유익하고 즐거운 시간이었다. 그리고 곧 짐을 싸서 귀국해야 할 날이 다가왔다. 우리는 안식년과 필립의 골육종으로 인한 병가 기간을 제외하고 18년 동안 선교지에서 섬겼다. 의심의 여지 없이 이 기간은 내 인생에서 가장 의미 있는 시간이었다. 모든 어려움과 시련과 환난의 시간을 통과하는 동안 우리 하나님은 변함없이 신실하셨고 사랑과 은혜를 베풀어 주셨다. 1988년에 우리가 미국으로 돌아올 때 데이비는 아직 고등학생이었다.

워맥육군의료센터에서의 5년

우리가 미국으로 돌아왔을 때 루이사는 이모 에스더와 함께 채플힐에 살고 있었고, 거기서 채플힐 성서교회에 다녔다. 루이사의 남편 비어드 David Beard 는 포트브래그 Port Bragg 의 부대에 복무하면서 시간이 날 때마다 성서교회의 예배에 참석하다가 루이사를 만났다. 사위를 통해 나는 워맥육군의료센터 Wormack Army Medical Center 에서 순환기내과 의사를 구한다는 것을 알게 되었고, 바로 의무부대 책임자였던 대령과 인터뷰했다. 나는 의사 수련과 심장학 분야의 수련에 대해, 특히 심장 초음파, 심박동기 시술, 심혈관 도자 검사, 심장 초음파 등을 해 온 일들에 관해 설명했다. 그렇게 해서 한국에서 돌아온 지 얼마 안 되어 군인 병원의 민간인 순환기내과 의사로 채용되었다.

채플힐에서 포트브래그까지 출퇴근하려면 매일 왕복 세 시간을 운전해야 했다. 나는 진료실에서만 일했기 때문에 야간이나 주말 당직은 하지 않았다. 5년 이상을 아침 일찍 집을 나서 밤늦게 돌아오는 생활을 했다. 그리고 결국 출퇴근이 힘들어서 1994년 1월 25일에 은퇴했다.

워맥육군의료센터에서의 경험은 좋은 점도 있었고 나쁜 점도 있었다. 나는 충분한 시간 동안 매우 꼼꼼하게 환자를 진찰했고, 환자들과 전혀 문제가 없었다. 퇴직할 때 군부대로부터 공로 표창을 받았는데 "5년 이상을 많은 환자에게 수준 높은 의료를 베푼 것"에 대한 감사의 표시였다.

당신은 양질의 진료를 위해 자기 시간까지 희생시켜 왔습니다. 당신의 헌신과 열정과 긴 근무 시간은 당신에 대한 환자들의 신뢰로 반영되었습니다. 당신은 함께 일하는 동료들의 귀감이 되었습니다. 심전도 진료소에서의 광범위한 활동을 우리는 그리워할 것입니다. 선생님의 노력은 선생님 자신뿐 아니라 워맥육군의료센터에 대한 큰 신뢰로 남았습니다.

1994년 1월에 워맥을 떠남으로써 나는 의료인으로서의 경력을 마감했다. 사실 큰 변화였다! 내가 이 변화에 준비가 되어 있는지도 확실하지 않았다. 이 과정을 다시 한번 거친다면 아마도 '여가생활'에 대해 더 많이 생각할 것이다. 그리고 도성래 Stanley Topple 처럼* 은퇴 후 의미 있는 일에 어떻게 참여할지 계획할 것이다. 그는 은퇴했으나 일하는 시간을 대폭 줄여서 한국과 케냐의 선교사역에 참여하고 있다.

내 경우 은퇴를 고려할 때 의사 면허증을 유지하는 데 드는 비용도 고려해야 할 주요 사안이었다. 의사로 일하려면 면허증이 유효하도록 유지하기 위해 1년에 200달러를 내야 했다. 언젠가 우요한

- 정형외과 의사로 여수 애양병원에서 한센병 환자와 소아마비 환자를 돌보았고, 한국 기독 의사들에게 일을 물려주고 케냐로 떠났다.

이 나에게 '관심이 있으면 주립 진료소에서 시간제로 일할 수 있다'고 말했다. 그러나 나의 노스캐롤라이나 의사 면허가 텍사스 면허에 상호 연동된 것이어서 노스캐롤라이나 면허를 유지하려면 텍사스 면허도 유지해야 했다. 그 말은 해마다 200달러가 더 든다는 뜻이다. 그럴 만한 가치가 있을까 싶어서 일자리를 찾지도 않았다. 지금 생각해 보면 그때 일자리를 찾았어야 했다. 그랬다면 뭔가 할 일이 주어지지 않았을까?

은퇴 후

은퇴 후 나는 주로 책과 신문을 읽으며 소일했다. 신문은 「뉴욕타임스」, 「USA투데이」, 「샬롯옵저버」 Charlote Observer를 읽었다. 「뉴욕타임스」는 일반 기사를, 그리고 나머지 두 신문은 스포츠 기사를 읽기 위해서였다. 「뉴욕타임스」는 정치적으로 민주당 성향의 신문으로 알려져 있지만 신문과 정반대 성향의 글을 싣게 해 주는 옵에드 Op-ED 면에는 많은 논평자가 자유주의의 다양한 그늘에 관해 의견을 개진했다. 그리고 일부는 어느 정도 보수적인 의견도 있었다. 나는 정치적으로 중립이지만 뼛속 깊이 프로-라이퍼 pro-lifer고,* 사고와 믿음이 보수적이다. 그러나 어쩌면 우리 자녀 중 누군가는 나의

---

* pro-life(생명 중시)라는 말은 폭넓게 생명을 옹호한다는 의미지만, 낙태 문제에서 pro-choice(선택 중시)와 대비되는 낙태 반대의 의미로 쓰인다.

보수 색채가 충분히 보수적인 것은 아니라고 생각할지도 모른다. 그렇지만 나를 자유주의로 보는 아이들은 하나도 없을 것이다. 나는 2008년 대통령 선거에서 매케인 John McCain 에게 투표했는데, 우선 그가 프로-라이퍼였고 오바마 Barack Obama 보다는 안보나 테러 방지를 더 잘하리라 판단했기 때문이다.

　내가 일반 기사를 읽기 위해서 「뉴욕타임스」를 보고, 「USA투데이」와 「샬롯옵저버」에서는 주로 스포츠 기사를 읽는다고 했지만, 「뉴욕타임스」의 스포츠 기사를 보지 않는다는 말은 아니다. 그것도 읽는다. 내가 뉴욕 양키스의 열광적 팬이라는 사실을 기억하며!

2부

너무 평범해서 특별했던
그의 인생 이야기

예수병원에서 근무할 당시의 주보선.

장벽을 넘어서

　인생은 누구에게나 장애물 경기다. 더구나 선교사의 길에 들어선 사람이라면 누구라도 어렵지 않게 자신이 넘어 온 장벽에 대해 하나쯤 이야기할 수 있을 것이다. 유난히 자신을 표현하거나 드러내지 않는 성격이어서 잘 알려지지 않았지만, 주보선은 선교사로서 수없이 많은 험난한 장벽을 넘어서는 삶을 살았다.

국적과 인종의 벽을 넘어

　우리나라에 온 선교사라고 하면 누구나 하얀 피부의 백인을 연상한다. 맞다. 그러나 예외가 있다. 주보선, 그는 우리와 같은 황인종, 동양인이었다. 그는 1923년 5월 27일, 중국 상하이에서 태어났다. 당시 중국은 우리나라와 마찬가지로 일본의 침략으로 혼란의 소용돌이에 휘말려 있었고, 그는 이 거대한 역사의 흐름을 통과하며 어린 시절과 청년기를 보냈다.

제2차 세계대전이 끝나고 일본이 패망한 후 공산 정권이 들어섰을 때 주보선의 가족은 모두 미국으로 이주했다. 이전 정권에서 고위 공직자(소금전매청장)였던 부친이 위험을 느껴 미국 이민을 감행한 것이다. 게일의 말에 의하면 원래 주보선은 선교 소명을 받은 후 자신이 자랐던 고향 중국으로 가고 싶어 했다고 한다. 그러나 공산당 지배하의 중국으로 갈 수 있는 길이 마땅치 않자 그 마음을 내려놓았다.

그 후 주보선은 한국으로 길을 열어 주시는 하나님의 인도하심에 순종했다. 그는 중국으로 가지 못한 것에 대해 아쉬움을 표현한 적도 없다. 화교가 많았던 전주에서 그에게 진료받으러 오는 중국인도 많았는데, 진찰실 밖이 유난히 화교들로 북적거린 날이면 게일에게 "내가 여기 온 건 한국인을 위해서인데…"라고 말했다고 한다.

경영학에서 의학으로 전공의 벽을 넘어

주보선은 본토 중국의 상하이 대학교에서 경영학을 공부하고 미국에 와서 경영학 석사학위를 받았지만, 하나님의 뜻을 발견한 후 진로를 바꾸어 의과대학에 진학했다. 말하자면 문과에서 이과로 전과한 것인데 그리 만만한 일은 아니었다. 먼저 의과대학 입학에 필수인 자연과학 과목 학점을 취득하기 위해 다시 학부 공부를 하는 어려움을 감수해야 했다. 나이가 들어서 시작한 의학 공부는 의과대학뿐 아니라 내과 수련 과정과 심장내과 전문의가 될 때까지 이어졌다. 그 후 1967년에 선교사로 한국에 나와 1988년 65세로 미국장로교 총회 선교부 규정상 정년이 되어 은퇴할 때까지 21년 동안 한국에서 의사로 살았고, 귀국 후에도 의사 일을 5년 이상 지속했다.

주보선은 우리와 같은 황인종이었고, 탐욕스럽고 잔인했던 일본 침략의 아픔을 겪은 중국인이었기에 우리와 동병상련의 정서가 흘렀는지도 모른다. 그래서 항상 지배자 위치에 있던 백인과 달리 피지배자로 살아온 한국인과 더 깊이 공감할 수 있었는지도 모른다. 그는 그렇게 준비된 선교사였다.

동서양의 장벽을 넘어

그는 중국인에서 미국인이 될 때 동서양의 장벽을 넘었다. 그리고 미국인으로서 한국에 와 선교사로 헌신하며 기꺼이 동서양의 장벽을 다시 넘었다. 그의 국적을 굳이 분류하자면 중국계 미국인이라 할 수 있지만 그에게 '국적'은 그리 의미 있는 단어가 아니었다. 그는 신실한 그리스도인으로서 하나님 나라 백성의 정체성을 가지고 살았다. 하나님 나라 백성으로 살기 위해 인종의 벽과 전공의 벽을 넘었고, 국적은 천국에 두었다. 바울이 "거기에는 헬라인이나 유대인이나 할례파나 무할례파나 야만인이나 스구디아인이나 종이나 자유인이 차별이 있을 수 없나니 오직 그리스도는 만유시요 만유 안에 계시니라"(골 3:11)라고 한 말씀처럼, 그의 정체성을 세상 기준으로 따지는 것은 무의미할지 모른다.

이런 정체성을 가진 주보선의 헌신 덕분에 우리는 서양인이 아닌 동양인 선교사로부터 서양의 첨단 의료와 성경을 배우는 특권을 누렸다. 그러나 그보다 더 소중한 유산은 가까이에서 또는 거리를 두고 슬며시 엿보았던 그리스도인으로서의 그의 삶 자체다.

그것이 무엇이든 장벽을 뛰어넘지 않고 이룰 수 있는 일에는 한계가 있다. 세상의 이치이고 성경의 이치이기도 하다.

교단의 벽을 넘어

주보선의 교단 배경은 침례교다. 그의 어머니는 기독교 신앙을 가진 분이었고, 그가 다닌 상하이 대학교도 침례교의 지원으로 세워졌을 뿐 아니라 1949년 그가 회심하여 세례를 받을 때도 침례를 받았다. 그는 또 침례교세계청년대회에 참석하기 위해 스웨덴의 스톡홀름에 갔다가 미국으로 건너오게 되었다. 미국에 와서 경영학을 공부한 텍사스주의 베일러 대학교는 침례교 교육 기관이었고, 그는 침례교단의 장학금으로 공부했다. 석사학위를 받은 후에는 학비를 벌기 위해 침례교컨벤션센터에서 일했으며, 의과대학에 다닐 때는 침례교 여전도회의 장학금으로 첫 1년을 공부했다. 한국에 오기 전 4-5년 동안 장로로 섬겼던 교회도 스테판 올포드 목사가 목회하던 갈보리 침례교회였다.

그러나 그는 감리교 교인인 게일을 만났고 결혼식도 게일이 다니던 감리교 교회에서 올렸다. 의사로서의 경력은 뉴욕 브루클린에 있는 감리교병원에서 쌓았다. 감리교병원을 선택한 이유는 확실하지 않지만, 그의 어머니가 감리교 교인이었던 기억과 베일러 의과대학에 다닐 때 감리교병원에서 일한 경험이 영향을 주었을 것이라고 회고한다. 그는 여기에서 인턴 과정과 내과 수련을 받았고, 장로교병원에서 심장내과를 전공했다. 그리고 다시 감리교병원으로 돌아와 심장내과를 세웠다.

그가 한국에 선교사로 들어올 때는 미국장로교의 해외선교부 소속이었다. 장로교병원에서 심장내과 전문 과정을 수련한 것 외에 장로교와 별 인연은 없었다. 그러나 3차 세계의료선교대회에 참석해 설대위*를 만나 한국의 전주라는 곳에서 내과 의사를 필요로 하는 병원이 있다는 사실을 알게 되고 도전을 받았다. 그가 그로부터 1년 6개월이 지나서야 응답을 한 이유 중 하나는 교단 문제였다. 침례교인으로서 그는 남장로교의 신학에 자신이 적절한가 우려했다. 그러나 중국에서 의사로 선교 활동을 했던 남장로교 총회장 넬슨 벨을** 만났을 때 "내가 예수병원의 선교사들을 모두 아는데

- 설대위는 외과 의사로 1954-1990년까지 36년 동안 예수병원에서 일하면서 예수병원을 한국전쟁 후의 폐허에서 현대화된 유수한 수련 병원으로 발전시켰다. 우리나라에 두경부암학회를 출범시켰고, 암 환자에 대한 수술뿐 아니라 이미 1955년부터 방사선 치료를 도입하고 1960년대에 암 등록사업을 시작한 암 전문 의사였다.
- ** 넬슨 벨은 의사로서 중국에서 1916-1941년까지 선교 활동을 했으며, 빌리 그레이엄 목사의 장인으로 그에게 많은 영향을 끼쳤다. 사위 빌리 그레이엄에게 월간지 「크리스채너티 투데이」(*Christianity Today*)를 발행하도록 하여 편집장 역할을 하

신학적으로 당신과 똑같다!"는 말을 듣고서 결국 남장로교 선교부에 속하게 되었다.

주보선은 침례교인으로서 감리교병원에서 수련하고 일했으며, 자신이 장로이자 선교회장으로 섬기던 침례교회의 후원을 받아 장로교 선교회 소속의 선교사가 되었다. 교단의 벽을 넘나드는 신앙 여정은 우리에게 '예수께서 복음으로 하나 되게 하셨는데, 교단의 벽으로 우리를 나눌 수 없다'는 메시지를 주는 듯하다. 장로교 안에서 300개가 넘는 교단으로 분파된 한국 교회에 주는 메시지가 아닌가?

인종과 나이의 장벽을 넘어선 결혼

주보선과 결혼한 게일 쿠퍼는 뉴저지의 펌프턴레이크스에서 출생하고 성장했는데, 결혼이 늦었던 부모님이 어렵게 얻은 외동딸이었다. 그녀는 부모님의 사랑 속에서 모태 신앙으로 교회를 다녔지만 고등학교 2학년 때 수련회에서 공적 신앙고백을 한 뒤 더욱 열정적인 신앙을 갖게 되었다고 회고한다. 나중에는 주일학교 교사와 예배 때 오르간 반주로 봉사했다. 게일은 어려서부터 간호사가 되기로 마음먹었고, 그 뜻대로 간호학을 공부했다.

는 등 영향력이 컸던 지도자다. 우리나라에서 유진벨재단으로 4대째 선교 역사가 이어지고 있는 유진 벨(Eugene Bell)과 친척 가문이다.

두 사람의 만남은 주보선이 텍사스에서 베일러 의과대학을 졸업하고 인턴 수련을 위해 뉴욕의 감리교병원에 왔을 때 이루어졌다. 당시 게일은 간호학교 4학년이었고, 마지막 실습으로 응급실에 나오게 되었다. 그때 주보선은 인턴으로 맨 처음 정형외과를 돌았는데, 응급실에 정형외과와 관련된 환자가 오면 인턴을 불러야 했기 때문에 둘의 만남은 자연스럽게 이루어졌다고 할 수 있다. 그러나 사실은 간발의 차로 만남의 순간이 비껴갈 수도 있었다.

두 사람의 러브 스토리는 1부 주보선의 자서전 "나의 인생 이야기"에 자세히 기술되어 있다. 다만 당시 미국 사회를 생각했을 때 둘의 만남이 결코 자연스러운 것은 아니었음을 유추할 수 있다. 이들이 만났던 1957년과 결혼을 한 1958년은 미국 남부만큼은 아니었을지 몰라도 인종차별이 극심했던 시절이다. 1950년대는 흑백 차별이 일상적이었고, '흑백인종분리법'이 발효되고 있었다. 버스에서도 식당에서도 좌석이 따로 있었고, 이를 어기면 구속되기 일쑤였다.* 심지어 대학의 식당도 마찬가지였다. 마틴 루터 킹Martin Luther King 목사가 주도한 비폭력 민권운동은 많은 희생을 치른 후 1964년에야 흑인 참정권을 획득할 수 있었다.** 그러나 KKK라는 백인 우월주의 집단의 활동이 재개된 시기도 1960년대였고, 1968년에는 킹 목

- 잘 알려진 몽고메리 버스 보이콧(Montgomery Bus Boycott)은 1955년 버스 좌석의 인종 분리에 항의해 일어난 사건이다.
- ** 1964년 민권법과 1965년 투표권법이 통과되었다. 그러나 마틴 루터 킹 목사는 그 이후인 1968년 4월 4일에 암살당했을 만큼 인종차별은 여전했다.

사가 암살되기도 했다.

이런 정치·사회 배경이 떠올라 이 책을 준비하기 위해 모였을 때 게일에게 메일을 보내 '두 분이 결혼하는 데 인종차별로 인한 어려움은 없었는지' 물었다. 어쩌면 좀 짓궂은 질문이었을지 모른다. 게일은 솔직하게 인종 문제가 가장 큰 걸림돌이었다고 답해 주었다. 사실 게일의 백인 부모님에게 그녀는 남들이 부러워하는 모범적인 딸이었다. 게일은 이렇게 회고한다. "나는 부모님께 감사와 기쁨과 칭찬이 돌아오게 하는 매우 착한 딸이었다. 사람들은 나 같은 딸을 갖고 싶다고들 했다." 게일 역시 하나님이 허락하시는 누군가와 가정을 이루어 미국에서 살 생각이었다. 그것이 외동딸로서 이미 연세가 많은 부모님에게 도움이 될 수 있는 길이기도 했다.

그러나 그녀가 주보선을 만나 사랑하게 되고 결혼하기로 했을 때 사정은 완전히 달라졌다. 백인으로서 인종이 다른 사람과 결혼한다는 것은 생각하기 힘든 일이었다. 게일은 "나를 바른 사람으로 키워 주신 부모님의 가슴 무너지는 결정"이었다고 회고하면서 그때까지는 '흰 양'이었던 자신이 '흑염소'가 되어 버렸다고 비유했다. 가정에서 누군가가 볼썽사나운 짓을 하거나 무책임하고 가족에게 불명예스러운 행동을 하면 그를 가리켜 '흑염소'라고 일컬었다.

게일은 부모님에 대해 이렇게 회상한다.

내 생각에 부모님은 주보선을 괜찮게 보신 것 같기는 했다. 그의 성품에 대해서 결코 폄하하는 말을 하신 적이 없다. 그렇지만 미국의 필요한 지역에 가서 일하지 않고 굳이 외국에 나가서 선교사역을 해야만 하는지에 대해서는 이해하지 못하셨다.

한편 게일의 부친은 그녀의 나이가 너무 어려서 사리 판단을 제대로 못하고 있으며, '어른이 아이의 손을 잡는 것은 부당하다'고 생각했던 것 같다. 그때 게일의 나이는 스물한 살이었고 주보선은 열세 살이 많은 서른네 살이었다. 게일의 아버지는 두 사람에게 '결혼하려거든 1년을 더 기다리라'고 했다. 기다리는 동안 둘의 관계가 좀 식을 거라고 예상한 것이다.

게일은 주보선이 첫 데이트를 신청했던 날이 1957년 9월 게일이 간호대학 졸업식을 마친 바로 다음 날이었다고 정확히 기억한다. 그리고 4개월 후 그해 12월에 청혼을 받았을 때는 이미 주보선을 깊이 이해하고 사랑하고 있었다. 그가 중국에서 대학 졸업반일 때 어떻게 그리스도인이 되었는지, 부모님의 뜻에 따라 경영학을 공부했지만 하나님의 소명을 깨닫고 의료인의 길로 들어선 것, 수련을 마치면 중국으로 선교를 나갈 계획까지 들어서 잘 알고 있었다. 둘 사이는 더 깊어졌고 주보선이 인턴 수련을 마친 1958년 6월 말에 약혼을 했다. 그리고 게일의 부모님에게 결혼 이야기를 꺼낸 뒤 10개월 만인 1958년 10월에 그들은 결혼식을 올렸다.

이 결혼에 대한 반대는 오히려 주보선의 가족에게서 나왔다. 주보선의 아버지는 결혼을 찬성하고 격려했지만 새어머니가 격렬하게 반대하고 나선 것이다. 인종이 다르다는 이유 때문이었다. 결국 주보선의 아버지와 새어머니는 결혼식에 참석하지 않았다. 그러나 결혼식을 마친 후 그날 저녁에 중국인 친지들을 집으로 초청하여 이들 부부를 위한 성대한 잔치를 베풀었고 게일도 따뜻한 환영을 받았다. 이로써 그들은 차별이 심했던 당시 미국 사회의 인종 장벽을 넘었고, 열세 살이라는 적지 않은 나이 차이를 사랑의 힘으로 극복했다.

    나쁜 의미의 차별이라고 생각하지는 않지만, 인종의 장벽은 선교지에서도 따라다녔다. 주보선의 다섯 식구는 한국에 왔을 때 먼저 말을 배우기 위해 4개월 동안 서울에 머물렀다. 오전에는 가정교사와 공부하고 오후에는 연세대학교 한국어학당의 수업에 참석했다. 함께 공부를 시작한 미국인 가정에는 금발 머리의 세 자녀가 있었고, 주보선의 가정에는 아시아인 외모의 세 자녀가 있었다. 주말에는 두 가정이 함께 나들이하곤 했는데 어딜 가나 관심의 중심은 금발의 아이들이었다. 게다가 구경꾼들은 종종 주보선과 게일을 번갈아 보면서 믿을 수 없다는 표정을 짓곤 했다. 미국에서는 주로 감리교병원 주변만 맴돌며 살아서 이들이 부부인 것이 잘 알려져서였는지도 모르지만 이 정도는 아니었다고 한다. 우리나라에서도 미국의 인종차별에 대해 익히 잘 알고 있었기 때문에 당시 내과 수련의였던 오병남은 1967년 주보선 가족과의 첫 만남을 이렇게 회고한다.

    어느 날 주보선 박사님이라는 분이 병원 사택으로 집들이 초대를 하셨는데, 어떤 키가 큰 남자분이 앞치마를 두르고 웃으며 우리를 맞아 주셨습니다. 그리고 뒤따라 어린아이를 안고 나오시는 미국인이 있었는데 그분이 사모님이신 걸 알고 우리는 깜짝 놀랐습니다. 주 박사님은 동양인인데 사모님이 백인이었던 것입니다.

이 가정과의 만남을 통해 유교 전통에 젖어 있던 우리는 '복음으로 인종의 벽을 초월하여 사는 삶'을 매우 일찍 보고 배우기 시작했다.

부르심, 준비, 이별

주보선은 심장내과 전문의가 되어 뉴욕의 감리교병원에서 심장내과를 세웠다. 그러나 그는 처음부터 선교지에서 부름이 있으면 언제든 떠나는 조건으로 병원과 계약했다. 그러나 게일은 하나님께 "우리를 지금처럼 여기에서 떠나지 않게 해 주세요"라고 기도했다. 한동안 게일의 뜻대로 되는 듯했다. 그러나 몇 년이 지나 1965년 말, 주보선은 '주께서 이제 나를 선교사로 보내려 하신다'는 확실한 느낌을 받았다. 어느 날 저녁 그는 게일에게 말했다. "지금처럼 일하면서 살려고 내가 의사의 길로 들어선 게 아니야. 기독의사회에서 세계의료선교대회를 하는데 거기 가 봐야겠어. 하나님께서 뭔가 보여 주실 것 같아." 그리고 그는 일리노이주 휘턴에서 열린 세계의료선교대회에 참석했다.

첫 번째 강좌에 참석하고 그는 무척 실망했다. 그는 선교지에서 일하기에는 너무 전문화된 의사였던 것이다. 더구나 대부분의 선교지에서는 외과 의사를 우선 필요로 했다. 내과나 산부인과 또는 소아과 수련을 받았더라도 급할 때면 어떤 수술도 할 수 있는 그런 의사가 필요했던 것이다. 그러던 중 주보선은 설대위를 만났고, 한국의 전주라는 지방 도시에 있는 예수병원에서 전문의로 일할 수 있음을 알게 되었다. 주보선은 기도하는 가운데 결심한 후 감리교 병원에 자신의 후임자를 찾으라고 말했다.

부르심과 인도하심

그가 한국으로 선교지를 결정하는 과정에 어떤 극적 인도하심이 있었던 것은 아니다. 예수를 믿고 의사가 되어 선교사로 일하겠다는 하나님 앞에서의 소명을 항상 마음에 간직하고 있었을 뿐이다. 이 소명은 하나님의 때에 그분이 만나게 하신 사람을 통해 자연스럽게 한국으로 인도하심을 받았다.

한편 하나님은 점차 게일의 마음도 움직여 주셨다. 게일에게 가장 큰 걱정은 자녀들이었다. 일반적으로 선교사들은 교육을 위해 자녀를 대여섯 살 때부터 멀리 떨어진 기숙학교에 보내야 한다고 알고 있었기 때문이다. 어머니로서 그것은 감당하기 힘든 일이었다. 그러나 다행히 한국은 그렇지 않다는 것을 곧 알게 되었다. 한국 선교부는 전주에서 일하는 선교사들의 자녀를 위한 기숙학교를 아직 시작하지 못한 상태였다. 기숙학교 입학은 중·고등학교부터나 가능했다. 외동딸인 게일에게 또 하나의 걱정은 부모님이었다. 어머니는 건강이 나빴고 아버지는 어머니보다 열 살 위였다. 게일은 한국으로 떠나오기 전까지 하나님 앞에 무릎 꿇고 호소했다. "하나님, 부모님께 오직 저 하나만 자녀로 주셨는데 이제 그마저도 떼어 놓으시렵니까?" 그러나 게일은 하나님께서 자신도 선교지로 부르셨음을 확신하게 되었다.

1967년, 세계선교위원회는 여러 나라로 가는 선교사들과 그 가족을 노스캐롤라이나주의 몬트리트에 모이도록 했다. 선교지로 나가기 위해 3개월 동안 집중 훈련을 받게 하려는 것이었다. 그곳에서 매일 강좌를 개설해 각자가 갈 나라에서 일어날 수 있는 다양한 쟁점을 다루었다. 영어를 사용하는 선교사들이 다른 언어를 배우는 데 필요한 언어학을 배우기도 했다.

3개월의 훈련을 마치고 그들은 뉴욕으로 돌아와 작별 인사를 했다. 게일이 부모님과 이별하는 것은 모두에게 무척 마음 무겁고 슬픈 일이었다. 주보선은 일곱 자녀 중 가장 효자였고 부모가 가장 의지하는 아들이었다. 그는 부모님 곁에 있으려고 의대 공부를 1년 쉬기도 했고, 수련 후에는 부모님 가까운 곳에서 살았다. 새어머니는 주보선에게 집에 와서 요리를 해 달라고 하기도 했다. 꽤 오랫동안 부모님은 그에게 의존적인 생활을 했고, 그래서 새어머니는 종종 "하나님이 계신다면, 너에게 네 부모를 떠나라고 요구하시지는 않을 거야"라고 말하곤 했다. 새어머니에게는 주보선이 떠나는 것이 견딜 수 없는 일이었다. 그러나 그것이 마지막이었다. 새어머니는 2년 뒤 돌아가셨다. 안타깝지만 선교사에게 이별은 흔히 있는 일상이다.

선교사로서의 삶

여러 장벽을 넘어 한국 땅을 밟은 이후 주보선과 그 가정에는 예상했던 일과 예상치 못했던 일, 난관과 아픔, 그리고 생각하지 못했던 여유와 행복한 시간 등 누구나의 인생에서도 일어나는 일들이 씨줄과 날줄로 얽혀져 삶이 펼쳐졌다. 그는 1967년 한국에 온 뒤 1988년 65세 정년이 될 때까지 변함없이 하나님 앞에서 선교사의 길을 걸었다. 하지만 확신의 시간 가운데 때로 좌절의 시간도 겪었다. 그러나 어떤 결정의 순간을 맞닥뜨리든지 한번 하나님 앞에서 응답했던 부르심의 길에서 떠나는 선택은 하지 않았다.

평범한 일상과 가정생활의 회복

선교의 부르심을 확인하고 의사 수업을 시작한 이후 17년 만인 1967년 9월, 주보선은 아내 게일과 함께 세 자녀 필립(7세), 루이사(5세), 리디아(2세)를 데리고 한국 땅을 밟았다. 서울에 머물며 연세

성인이 된 다섯 자녀와 함께한 주보선.

대학교 한국어학당에서 잠시 한국어를 공부했고, 그해 크리스마스 즈음 전주에 내려와 정착했다.

게일은 한국에서의 생활을 무척 만족스러워했다. 게일은 "우리의 가정생활은 새로운 기쁨이 넘쳤어요!"라고 회상한다. '저녁이 있는 삶'이 회복된 것이다. 뉴욕에 있을 때 주보선은 아침 6-7시에 출근해서 밤 9시 30분에서 10시 30분 사이에 돌아왔다. 전주에 와서는 이른 아침에 회진하러 갔다가 집에 돌아와 아침 식사를 하기도 하고, 다시 오전 진료를 하고 점심을 먹으러 오기도 했다. 특별한 환자가 있지 않은 한 오후 5-6시가 되면 퇴근하여 집에 돌아와 저녁 시간을 자녀들과 함께 지낼 수 있었다. 아이들이 잘 시간이 되면 게일은 성경을 읽어 주고 기도 시간을 가졌는데, 한국에 와서는 이 시간을 주보선이 대신하기도 했다. 이렇게 온 가족이 함께하는 가정생활의 회복은 예상치 못했던 큰 복이었다.

권익수의 딸 에이미 Amy G. Moore 는 어려서 여유로웠던 추억의 시간을 이렇게 기억한다.

일요일 저녁은 종종 우리 집에서 함께 먹었는데, 때로 주보선은 직접 우리 가족을 위해 중국 요리를 해 주기도 했어요. 우리 가족은 전통적으로 일요일 밤에는 팝콘을 함께 먹었는데 주보선은 팝콘을 좋아하지 않았기 때문에 대신 쌀 튀밥 한 그릇을 먹으며 함께 시간을 보냈지요.

주보선이 뉴욕에서 의사로 살았다면 결코 이웃과 함께하는 삶을 누리지 못했을 것이다. 때로 성취를 위해 움켜쥐고 있던 목표를 내려놓을 때 잃어버린 줄도 몰랐던 소중한 가치가 회복되어 보상으로 돌아오기도 한다. 그는 재정적으로 안정된 미국에서의 의사로서의 삶을 과감히 내려놓았다. 그리고 그의 가정 앞에 펼쳐진 복된 삶을 통해 진정한 가치가 회복되는 것을 감사함으로 누릴 줄 알았다.

가족의 질병

일반적으로 선교사들이 선교지에서 사역을 중단하고 조기 귀국하는 가장 흔한 원인이 자녀 교육 문제라고 한다. 그러나 적어도 한국에 왔던 미국 선교사들에게는 이 문제가 치명적 걸림돌이 되지 않았다. 대전에 선교사 자녀를 위한 학교를 운영했고, 그 과정을 마치면 미국 대학으로 진학하는 것이 문제가 되지 않았기 때문이다.

그러나 가족 구성원 중 누군가가 치명적 질병을 앓게 되면, 그것은 극복하기 쉽지 않은 난관이 될 수 있다. 주보선이 첫 번째 임기 4년을 마치고 1971년 미국에 돌아와 지내는 동안 주보선의 새어머니가 돌아가셨다. 그리고 게일의 어머니도 돌아가셔서 83세의 장인이 홀로 남게 되었다. 고령의 장인이 가족 없이 미국에서 홀로 지내는 것이 염려되어 결국 1974년 두 번째 임기를 시작하면서 장인을 한국으로 모시고 들어왔다. 그런대로 한국에서 적응하던 장인은 갑작스러운 중풍으로 반신 마비가 되었고, 이로 인해 급성기 치료와 재활치료에 시간이 필요해 예정된 두 번째 안식년 귀국을 늦추고 한국에 더 머물기도 했다.

무엇보다 부모의 마음을 가장 아프게 하는 것은 자녀의 질병이다. 첫째 아들 필립이 골육종이라는 치명적 악성 암 진단을 받았을 때, 누구나 그가 선교 활동을 접을 것이라고 예상했을지 모른다. 그는 필립을 데리고 뉴욕의 슬로안케터링기념암센터로 갔다. 그곳에서 필립이 항암제 치료와 수술을 받는 동안 아버지 역할을 했던 이야기를 주보선은 담담하게 자서전에 기록해 놓았다. 그는 이런 상황에서도 감정을 잘 드러내지 않았다. 치료가 끝나자 암이 재발할지도 모르는 아들을 칼빈 대학교에서 계속 공부하도록 하고 그는 다시 한국에 돌아와 변함없이 의료선교를 지속했다. '하나님, 왜 저에게…?'라는 원망의 마음이 그에게라고 없었을까?

이런 난관을 겪는 가운데 주보선의 가정은 흔들리지 않고 침착함과 인내로 소명의 길을 이어 갔다. 그가 기꺼이 동료라고 부른 제자들이 곁에 있었고 김종준처럼 그의 아픔을 가까이에서 함께한 제자도 있었다. 결국 이런 고통의 시간은 하나님 앞에서 온 가족이 함께 짊어지고 가야 했던 십자가였을 것이다. 그가 은퇴한 후, 나는 학회 참석차 미국에 갔다가 콩코드의 자택으로 그를 찾아뵌 적이 있다. 그때 게일은 어려운 시기마다 함께해 주었던 한국의 동료들에게 진심 어린 감사의 뜻을 표했다.

우리를 숙연하게 만드는 것은 난관에 부딪힌 한 사람의 헌신과 결단이 온 가족의 인내와 사랑을 재료로 완성된 한 폭의 아름다운 그림을 보게 될 때다. 그 그림 속에 우리 제자들도 함께 그려져 있다는 사실은 단순히 아름다운 추억이 아니다. 삶을 변화시킨 원동력으로서 언제나 우리와 동행하는 은혜다.

육체의 가시

사도 바울이 자신의 육체에 가시가 있다고 말했지만 주보선 역시 육체의 가시가 늘 따라다녔다. 예수병원에서 진료하는 동안 그는 부정맥으로 디곡신 Digoxin 을 투약하고 있었다. 그는 어려서 류마티스열 Rheumatic Fever 을 앓았고 그 후유증으로 승모판탈출증 Mitral Valve prolapse 이 있었다. 종종 부정맥이 나타나는 날이면 그는 집에 돌아와 조용히 누워 증상이 가라앉기를 기다렸다. 게일은 "그의 심장 리듬이 심방세동 Atrial Fibrillation 으로 바뀐 뒤 오히려 증상이 편해졌다"고 한다. 그러나 심방세동은 혈전증을 일으킬 수 있기 때문에 투약을 지속했고, 하지에 혈전증이 생기기도 했다.

살다 보면 누구에게나 육체의 가시나 정신적 고뇌로 인해 침체기가 오기 마련이다. 주보선의 일상 속에도 번민과 갈등과 고뇌가 묻어 있다. 인간은 그런 고뇌를 초월하는 존재가 아니라 그것을 하나님 앞에 내려놓고 이웃 앞에 솔직해지는 존재다. 누구나 그런 난관을 피하게 해 달라고 기도할 수 있겠지만, 그리스도인은 그런 고

난이 닥쳤을 때 쓰러지지 않고 하나님의 뜻을 따라 살아갈 힘을 구하는 자다. 주보선은 그런 사람이었다. 우리가 지금 그를 기억하고 감사하는 것은 변함없이 하나님의 인도하심에 순종하면서 65세 정년이 될 때까지 우리 곁에 함께 있었다는 고마움을 잊을 수 없기 때문이다.

제자들의 기억

제자들이 기억하는 주보선의 성품은 소탈함과 겸손함으로 모아진다. 예수병원 내과 초창기에 전공의나 전문의 수는 적었지만* 한결같이 내과에서 함께 일하는 것이 즐거웠고 자긍심을 가졌었다고 말한다. 그가 한국에 온 지 53년이 지난 지금 그의 제자들도 상당수가 이미 은퇴했거나 고인이 되었다. 그러나 몇몇 제자는 주보선과의 추억을 방금 있었던 일처럼 생생하게 이야기해 주었다.

주보선은 크리스마스가 되면 동료들을 집으로 초대해 자신이 요리한 중국 음식을 대접하곤 했다. 그는 앞치마를 두르고 손수 요리하여 손님 대접하는 것을 즐거워했다. 당시 우리나라 문화는 남자가 주방에 들어가는 것조차 허용하지 않던 시절이어서 그 모습이 더 신기하게 보였을 것이다. 식사를 마치면 재미나 세임이나 신

---

* 1967년 주보선이 예수병원에 왔을 때 조안 스미스(Joan Smith)가 한국을 떠나고 김연중·이학연 과장과 함께 오병남·송양근·김국웅·이용웅 등이 전공의로 있었다.

물 교환을 했는데, 다른 사람에게 이미 돌아간 선물을 빼앗아 올 수 있는 방식이어서 웃음꽃이 피곤 했다.

언젠가 선교사들의 집이 있었던 동산에 번개가 쳐서 큰 호두나무가 쓰러졌다. 주보선은 이 나무로 탁자를 만들어 사용했다. 너무 두껍고 무거워서 지금쯤 웬만하면 버려졌을 터인데 당시 전공의로 함께 일했던 이용웅은 아직도 이 탁자를 사용하고 있다고 한다.

주보선은 겸손하게 섬기고 일상의 삶에서 그리스도의 향기를 드러내는 전도자였다. 이용웅은 그를 온유하고 조용했지만 내면은 강인했던 분이라고 말한다. 그는 흔히 소리 나는 징이나 울리는 꽹과리처럼(고전 13:1) 삶보다 말이 앞서는 열정적인 전도자의 모습으로 자신을 드러내지 않았다. 그의 가장 가까웠던 제자 김종준은 그를 '사(詐)'가 통하지 않는 분, 진실만을 추구하는 분, 환자를 위해 최선을 다하는 분이었다고 회고하며 의사로서 그가 인생의 스승이었음을 자랑스러워했다. 주보선은 삶을 통해 주위에 영향을 끼치는 은은한 그리스도의 향기였다.

아내와 자녀들의 회고

주보선의 아내 게일은 그가 정년을 맞이할 때까지 선교사역을 감당할 수 있도록 결정적 역할을 한 존재였다. 게일은 조용한 성격이었지만 주보선이 우울증에 빠지거나 자신과 가족의 건강 문제로 고뇌할 때 그가 소명의 길에서 벗어나지 않도록 지지해 준 강인한 내조자였다.

그리고 게일은 자녀들에게 자상한 어머니였다. 첫째 아들 필립은 자신이 아버지보다 어머니와 훨씬 더 가까웠다고 회고한다. 아버지 주보선은 병원에서 일했기 때문에 함께할 수 있는 시간이 적었던 탓도 있지만, 그보다 어머니의 자상하고 따뜻한 성품의 영향이 더 컸다. 게일은 자녀들에게 많은 시간을 쏟았고 온갖 배려로 자녀들을 돌보았다. 필립의 아내가 시어머니 게일이 '어머니가 되는 법'을 가르쳐 주면 좋겠다고 말했을 정도였다.

게일은 자신의 자녀들뿐 아니라 예수병원의 선교사촌 동산에 사는 선교사 자녀들에게도 한결같은 사랑을 베풀었다. 자녀들 또래

주보선의 큰아들 필립.

두 딸 루이사, 리디아와 함께.

의 아이들이 자주 집에 놀러 왔고 게일은 그 모두를 가족처럼 대했다. 큰딸 루이사는 이처럼 경건한 어머니의 사랑을 받으며 자란 것이 얼마나 큰 복인지 모른다며 너무 감사하다고 했다.

어릴 적에도 친구들이 우리 어머니를 얼마나 좋아하는지 말해 주곤 했는데, 지금까지도 여러 경로로 많은 사람에게 그 말을 듣고 있어요. 어머니는 누구나 '특별하고 사랑받는 존재'라고 느낄 수 있게 만드는 빼어난 방법을 알고 있는 분이었지요. 딸로서 우리 어머니는 진정한 롤모델이에요. 어머니를 정말 사랑해요!

재활의학과에서 일했던 서신애도 게일에 대해 이렇게 말한다.[*]

게일은 그녀가 대화하고 있는 사람에게 온전히 주의를 기울였지요. 그녀는 누구든 그 방에서 '당신이 제일 중요한 사람'이라고 느끼게 해 주었어요.

예수병원의 한국인 직원들에게 게일은 천사로 불렸다. 특유의 유난히 따뜻하고 부드러운 톤의 목소리는 영어를 이해하지 못해도 충분히 매력적이었다. 게일은 한국인과 대화할 때는 특별히 난어

---

[*] 서신애는 작업치료사이자 심리치료사였다. 정형외과 의사였던 남편 서요한과 함께 예수병원에서 우리나라 처음으로 재활의학과를 시작했다.

하나하나를 또박또박 발음하며 배려했다. 영어에 서툰 직원이 잘 알아듣지 못하면 다시 반복해 주는 세심함이 몸에 배어 있었다.

항상 배려하고 지지해 준 남편

게일은 남편 주보선에 대해 이렇게 회고한다. "주보선은 훌륭한 성품의 소유자였고 매사 사려 깊고 항상 배려하며 지지해 주는 남편이고 아버지였어요."

그들은 매우 비싼 대가를 치르고 이타적인 결정을 해야 했던 적이 있다. 주보선은 다시 한국에 돌아가 의료 선교사역을 지속하고 싶어 했는데, 그러려면 게일은 아무도 돌봐 줄 사람이 없는 연로한 아버지를 뉴욕에 홀로 남겨 두어야 했기 때문이다. 결국 게일은 여생이 길지 않으리라 예상되는 아버지가 돌아가실 때까지 미국에 남아 아버지를 돌보기로 했고, 주보선은 1981년 한국에 돌아와 세 번째 임기를 시작했다.

그때 필립은 암 치료를 마치고 칼빈 대학교 3학년을 시작했고, 루이사는 1980년부터 대학에 다니고 있었다. 리디아는 아버지를 따라 한국에 돌아와 대전외국인학교 KCA의 고등학교 과정을 마쳐야 했다.* 1982년에 리디아는 KCA를 졸업하고 미국의 대학에 입학했

• 대전외국인학교는 1958년에 대전외국인학교(Taejon Foreign School)라는 명칭으로 개교한 후 바로 교명을 KCA(Korea Christian Academy)로 변경하고 선교사

다. 피터는 중학생이었고 데이비는 초등학생이었다. 피터와 데이비는 할아버지가 돌아가신 후 1985년 게일과 함께 한국에 와서 KCA에서 공부했다.

게일의 아버지는 예상보다 오래 사셨고 결국 주보선 부부는 3년 넘게 떨어져 지냈다. 게일은 한국에 1년에 두 번 잠시 방문하는 것으로 만족해야 했던 이 기간이 말로 표현할 수 없을 만큼 힘들었다고 회고한다.

2015년 9월 30일, 남편 주보선의 죽음 이후 게일은 헤어져 지냈던 3년 넘는 긴 시간 동안 주고받은 수많은 편지들을 다시 꺼내 읽으며 눈물 흘리기도 했다. 편지에는 한국인 동료와 선교사들의 따뜻한 환대가 있었지만 영웅 같은 모습 대신 인간적으로 외로움과 싸우며 우울증으로 괴로운 시간을 보냈던 내용이 포함되어 있었다. 반겨 주는 사람이 없는 빈집에 돌아가는 것, 생각을 나누고 외로움을 덜어 주고 서로 돌봐 주며 사랑할 가족이 곁에 없는 것은 생각보다 훨씬 쓸쓸하고 힘든 일이었다. 인생의 깊은 골짜기를 통과하는 동안 오직 하나님만이 그와 동행해 주셨다.

자녀를 비롯한 외국인 학생들을 위한 중·고등학교 과정을 운영했다. 지금은 대전 외국인학교(Taejon Christian International School)로 바뀌었고, 2012년에는 이전하여 설립한 취지와는 다르게 운용되고 있다.

삶 자체가 신앙적 교훈이었던 아버지

선교사로 사는 어려움은 그 한 사람의 희생만으로 해결되는 것이 아니다. 선교 헌신은 가족 전체의 몫이다. 우리나라가 어려웠던 시절에 우리 곁에서 가르치고 도움을 주기 위해 주보선이 인생과 시간을 바치는 동안 이에 따른 그의 자녀들의 희생을 간과해서는 안 된다. 그런 의미에서 주보선의 자녀들에 대해 간단하게라도 소개하는 것이 좋겠다. 주보선은 게일과 결혼해 다섯 자녀를 두었다.

첫째 아들은 1960년에 태어난 필립으로, 대학생 때 골육종 때문에 오른쪽 넓적다리뼈 중간 이하 부위를 절단하는 수술을 받아야 했다. 골육종은 악성도가 매우 높은 암으로 젊은 나이에 수술로 한쪽 다리를 잃는 것에 그치지 않고 고통스러운 항암제 치료를 감내해야 하는 쉽지 않은 긴 시간을 그에게 요구했다. 그러나 그는 아버지와 함께 투병하며 치명적인 암을 극복했다. 재발의 우려까지 떨쳐 버릴 수는 없었지만 거기까지가 의학적으로 할 수 있는 최선이었다. 그리고 하나님의 손에 모든 걸 맡기고 아버지는 아버지대로 아들은 아들대로 주어진 길을 걸어갔다. 어려서부터 동물에 관심이 많았던 필립은 조류학을 공부해 미시간 대학교에서 박사학위를 받고, 미네소타의 세인트존스 대학교에서 교수로 일하고 있다. 그는 세인트클라우드에 살고 있으며 그의 아내 지니는 고등학교에서 화학과 물리를 가르치는 교사다. 앨러리라는 딸이 있다.

필립은 자신의 신중한 성격과 한번 결정하면 끝까지 최선을 다하는 태도를 아버지에게 물려받았다고 말한다.

아버지는 감정 변화가 없는 차분한 분이었지요. 꼭 한 번의 예외를 제외하고는 감정적으로 흔들린 모습을 본 적이 없어요. 야단칠 때도 결코 화를 내지 않으셨지요. 아버지에게 야단맞는 것은 꼭 나에게 훈계가 필요했기 때문이었어요. 아버지는 매우 진지한 분이었는데, 그렇다고 아버지가 유머가 없는 분이라는 말은 아니에요. 아버지는 무엇을 하든지 최선을 다해야 한다고 생각하셨어요. 그래서 '중간에 그만두려면 하지 말라'고 하셨지요. 언젠가 나에게 이렇게 말씀하신 적이 있어요. "결혼할 생각이 아닌 여자와는 연애도 하지 말아라." 물론 이에 대해서는 논쟁의 여지가 있겠지만, 한편으로 맞는 말인 것 같기도 해요. 결국은 끝낼 관계라고 생각하면서 로맨틱한 관계를 유지해서는 안 될 테니까요.

주보선은 비록 경영학 석사학위를 가지고 있었지만 그다지 재리財利에 밝지는 않았다. 필립은 아버지가 어머니보다 돈을 잘 썼다고 기억한다. 자녀들이 무얼 사 달라고 하면 꼭 사 주시곤 했다는 것이다. 그리고 자녀들의 영적 '웰빙'well beng에 대해서도 신경을 많이 썼다. 앞에서 아버지가 감정석이었던 한 번의 예외가 있었다고 한 것이 바로 이와 연관된 것이다.

아마 내가 7-8학년일 때였을 거예요. 주일 아침이었는데, 나는 교회에 가기 싫어서 불평불만을 하며 떼를 썼어요. 결국 가족들은 나만 남겨 두고 교회에 갔지요. 교회에 다녀와서 아버지는 나를 안방으로 불렀어요. 그리고 정확히는 기억나지 않지만 이런 의미의 질문을 하셨어요. "크리스천이 될 거야, 말 거야?" 나는 크리스천이 되겠다고 대답했지요. 아버지는 눈물을 흘리셨어요. 다시 말하지만, 이때가 유일하게 아버지가 감정을 표출한 때였어요.

필립은 아버지가 스포츠광이었다고 기억한다. 우리도 주보선이 스포츠 경기를 무척 좋아했다는 것을 알고 있다. 주한 미군을 위한 AFKN이라는 텔레비전 방송이 있었는데, 그가 퇴근 시간에 서둘러 집에 가는 날은 미식축구가 방송되는 날이었다. 언젠가 종아리 혈관에 혈전증이 생겨 집에서 쉬고 있는 주보선을 전공의들이 병문안 하러 간 적이 있는데 그때도 그는 미식축구 경기를 보고 있었다. 그는 특히 뉴욕 자이언츠(미식축구)와 뉴욕 양키스(야구) 팀에 열광적이었다. 선교사 은퇴 후 자녀들이 노스캐롤라이나의 부모님 집을 방문할 때면 늘 모두 같이 텔레비전 앞에 앉아 미식축구나 야구, 농구 경기를 즐겼다고 한다.

필립이 골육종으로 힘겨운 치료를 감당하고 있을 때였다. 3-4주 간격으로 항암제를 맞으면 일주일은 부작용에서 회복하는 시간이라 어떤 활동도 하기 어려웠다. 그다음 항암제를 맞기 전 2-3주 동안은 부작용이 어느 정도 완화되었지만 지루하고 힘든 시간이 반복될 수밖에 없었다. 필립은 그 기간에 아버지 주보선이 자신에게 베풀어 준 실제적인 사랑을 기억한다.

새 관찰이 취미였던 나를 위해 아버지는 뉴욕 주변은 물론 매사추세츠 동북쪽 멀리서부터 남쪽으로 뉴저지 일대를 수없이 운전하면서 나를 데리고 다니셨어요. 나는 그때 열아홉 살이었지만 아직 운전면허가 없던 때였지요. 아버지는 새에 관심이 없었기 때문에 내가 걸어서 새를 찾아다니는 동안 차에 앉아 「뉴욕타임스」를 읽으며 기다려 주셨어요. 그것은 인내가 필요한 일이었을 거예요. 그러나 아버지는 결코 "한 시간 후에는 차에 돌아와라"든가, 내가 예정에 없던 곳에서 멈춰 주기를 요청했을 때 "거기 정차할 시간은 없어"라고 하신 적이 없어요. 나의 유일한 낙이었던 새 관찰을 할 수 있었기에 당시 내 삶의 질은 말할 수 없이 좋아졌죠.

필립이 조류학을 전공하고 교수가 되는 과정에서 아버지 주보선의 지지와 격려가 중요한 힘이 되었다. 생물학에 관한 필립의 관심은 어린 시절 전주에서 살 때 시작되었다. 필립은 선교사들의 사택 정원을 돌아다니면서 나비와 현관 등에 날아든 나방의 종류를 확인했다. 그는 또 선교사 자녀 친구들과 함께 뱀에 매료되기도 했다. 뱀을 발견하기만 하면 그것을 삽으려 했고, 집은 뱀은 애완동물처럼 키우기도 했다. 필립은 어린 시절에 아버지가 나비와 나방에 관한 자신의 관심을 어떻게 지지해 주었는지 확인할 수 있는 이야기를 해 주었다.

이들을 채집하려면 내가 잡은 나비와 나방을 죽이기 위해 단지가 필요했어요. 그 단지 바닥에는 클로로폼을 푹 적신 솜을 놓고 그 위에 종이 판지를 덮어서 나비나 나방이 직접 닿지 않도록 한 다음 뚜껑을 닫았지요. 클로로폼이 천천히 기화하면 이들은 마취 상태로 죽게 되는 거예요. 이 마취제는 나를 위해 아버지가 병원 마취과에서 구해다 주셨죠.

그러나 아버지로서 주보선은 뱀에 대한 필립의 관심을 불편하게 생각했다. 한번은 필립을 병원에 데리고 가서 뱀에 물려 응급실에 온 아이의 시퍼렇게 부어오른 손을 보여 주기도 했다. 아들이 뱀을 잡는 것을 단념시키려는 의도였다. 그때를 필립은 이렇게 기억한다.

청소년기의 우매함 때문이었겠지만, 나는 전혀 영향을 받지 않았어요. 지금 학자로서 생각해 보면, 그때 우리가 '독이 있는 뱀과 아닌 뱀을 구별할 줄 안다'고 자신만만했던 건 매우 잘못된 생각이었지요.

가정에서 아버지로부터 받은 신앙 교육은 어땠는지 물었을 때, 필립은 아버지가 특별히 신앙적인 교훈을 주거나 성경 말씀을 강조했던 기억은 없다고 했다. 개인적인 문제에 대해 신앙적인 조언을 받은 기억도 하지 못했다. 앞서 언급했듯이 어머니와 가깝게 지낸 탓으로 자신의 문제를 주로 어머니에게 털어 놓았기 때문이었을

지도 모른다. 그러나 필립은 이 질문에 대해 함축적인 대답을 했다. "아버지는 삶 자체가 신앙적인 교훈이었어요. 자신의 삶으로 우리에게 모범을 보여 주셨지요." 비록 지금 자신이 기독교 신앙에 대한 흥미를 잃어버렸지만 어려서 기독교 신앙의 선교사 가정에서 자라며 배운 원리, 즉 "그러므로 무엇이든지 남에게 대접을 받고자 하는 대로 너희도 남을 대접하라"(마 7:12)라는 말씀이나 "어찌하여 형제의 눈 속에 있는 티는 보고 네 눈 속에 있는 들보는 깨닫지 못하느냐"(마 7:3)와 같은 말씀은 아직도 그의 삶과 행동을 견인하고 있다고 한다.

필립은 아버지에게 회심 당시의 이야기나 경영학에서 의학으로 전공을 바꾼 이야기를 들은 적이 있지만 그것이 그에게 특별한 감흥을 주지는 못했다고 한다. 그런데 그 이유가 기독교 신앙의 본질에 닿아 있다. 기독교 신앙은 누가 무엇을 하든지 그 삶에 영향을 미치는 것이어야 한다. 어떤 직업을 가지는 것만이 그리스도인의 길은 아니다. 종교개혁의 중요한 주제가 직업소명론이지 않은가? 그런 의미에서 그는 "어떤 불확실성이 어느 날 갑자기 100퍼센트 확신으로 바뀐다는 것이 어떤 것인지 이해하기 어려웠다"고 말했다. 신앙적 회심은 주보선이 경험한 바와 같은 독특한 체험에 의해서도 가능하지만, 대부분은 진리이신 성령의 감동으로 조용히 점진적으로 일어나는 것이기 때문이다.

필립은 나이가 들어 가면서 독특한 잠버릇이 아버지를 닮았다는 사실을 알게 되었다. 그러나 이것은 사실 독특하기보다는 평범하게 나이 들어 가는 많은 노인의 모습일지 모른다.

특히 말년의 25년 동안은 유난히 더 그러셨어요. 아버지가 거실 소파에 오래 앉아 계실 때면 틀림없이 주무시는 것이었지요. 그러면서도 침대로 가기를 거부하고 텔레비전으로 스포츠 경기를 틀어 놓고 거실에 앉아 있기를 고집하셨어요. 물론 곧 다시 잠드셨지만 말이죠. 그런데 지금의 내가 꼭 그렇네요.

믿음에 굳게 선 원칙에 충실했던 분

둘째인 딸 루이사는 1962년생으로 예일 대학교에서 학부를 마치고 노스캐롤라이나 대학교에서 교육학 석사학위를 받았으나 심장내과 전문의인 남편 비어드를 만나 결혼한 뒤 주부로 남았다. 루이사는 콩코드 외곽의 아버지 바로 옆집에 살면서 노년의 주보선 부부를 돌보았다. 루이사 부부는 샘Sam, 베티Bethy, 조쉬Josh, 안나 게일Anna Gail 등 네 명의 자녀를 두었다.

루이사는 아버지 주보선을 "조용하고 점잖은 종"이었으며, "믿음에 굳게 선 원칙에 충실한 분"이었다고 요약한다. 그의 조용한 성격은 위기의 순간 침착하게 문제를 해결하는 모습으로 나타났다. 루이사는 어린 시절 매사 침착하고 해결사였던 아버지 주보선에 대한 기억을 마음속에 간직하고 있다.

어렸을 때 지리산으로 휴가를 갔는데 박쥐가 우리 머리 위로 날아다녀서 모두 비명을 지르는 순간에도 아버지는 조용히 테니스 라켓을 들고 와서 박쥐를 쫓아 주셨어요. 언젠가 우리가 살던 집 부엌의 난로에 불이 붙었을 때도 차분히 그릇에 물을 받아다 부어 끄기도 하셨지요.

미국에 있을 때는 주말에나 아버지를 볼 수 있었다. 주일에나 시간을 낼 수 있었던 주보선은 교회 예배가 끝나면 자녀들을 데리고 과자점에 가거나 조그만 선물을 사 주었다고 한다. 그러나 게일은 어려운 살림을 꾸리기 위해 허리띠를 조여야 했기 때문에 자녀들에게 여유롭지 못했다.

루이사 역시 아버지가 스포츠광이었다고 회고한다. 테니스를 매우 잘 쳐서 해마다 열리는 선교사 테니스 대회에 출전했으며, 집에서도 현관 쪽에 탁구대를 놓고 자녀들과 게임을 즐겼다고 한다. 루이사의 추억 속에는 어린 시절부터 이웃에 살면서 KCA를 함께 다닌 친구였던 설대위의 딸 크리스틴이 가장 가까운 친구로 남아 있다. 미국에 살면서 자주 만나지는 못하지만 만나기만 하면 시간과 거리의 벽이 금세 사라진다고 한다.*

KCA의 팀 닥터였던 주보선은 경기가 있을 때마다 대전에 왔고, 루이사는 경기 중 다친 학생이 있으면 운동장 안으로 뛰어 들

• 크리스틴에 대해서는 p. 22의 '주'를 참조하라.

어가던 아버지의 모습을 기억한다. 그 덕분에 "대전에서 KCA를 다니는 동안 우리는 다른 선교사 자녀들보다 더 자주 부모님을 만날 수 있어서 좋았다"고 한다.

루이사는 아버지가 언제나 섬기는 종의 모습이었다고 회고한다. 훌륭한 요리사로서 식사 준비를 하는 것이나, 스스럼없이 조용히 설거지하는 모습은 자녀들을 말이나 권위로 가르치는 대신 삶으로 섬기는 모습을 보여 줌으로써 자녀들의 가슴 속에 지금까지 그의 신앙의 모습을 새겨 놓은 것이다.

루이사의 남편은 심장내과 전문의로서 건강이 나빠진 말년의 장인을 옆집에 살면서 돌보았다. 이 사위 덕분에 주보선은 그가 원했던 대로 병원에 입원해서 지내는 시간을 줄일 수 있었다.

매사에 나보다 남을 낫게 여겼던 분

셋째는 딸 리디아로, 1965년에 태어났다. 리디아는 아버지가 다녔던 베일러 대학교를 다녔고, 간호사를 교육하는 간호사가 되었다. 그녀의 남편 팀은 심리학자인데, 임파선암 치료를 받았고 현재는 나은 상태다. 이 가정은 네 자녀를 두었고 휴스턴에 살고 있다. 자녀들의 이름은 레이첼Rachel, 로런Lauren, 앤드루Andrew, 데이비드David다.

리디아는 세 살 때 한국에 와서 한국을 고향으로 삼아 살던 추억이 있다. 그녀는 아름다운 산으로 둘러싸인 분지 전주를 기억하며, 흰색 회벽칠을 한 한옥과 하늘을 향해 살짝 들어 올린 처마, 한

옥 대문을 들어서면 눈에 들어오는 안마당을 좋아했다. 한국의 재래시장과 화려한 색깔의 한복도 잊혀지지 않는 한국의 아름다움이다. 무엇보다 그녀는 한국 사람들의 따뜻한 마음씨를 좋아했다.

리디아는 한국에 사는 동안 오빠, 언니와 함께 셋이서 한방을 사용했다. 방을 청결하게 유지하기 위해 어머니 게일은 저녁 무렵이면 세 자녀에게 놀았던 방을 치우도록 했다. 리디아는 어렸을 때 이 순간의 아빠를 생생하게 기억한다.

오빠와 언니는 가지고 놀던 장난감들을 열심히 정리했지만, 나는 너무 어려서 어찌할 바를 모르고 만지작거리며 낙담한 채 앉아서 아빠가 퇴근해 오시기를 기다렸어요. 이윽고 귀에 익숙한 아빠의 발걸음 소리가 들리고 아빠가 집에 오시면 가장 먼저 우리 방에 얼굴을 들이미셨죠. 시무룩한 나를 보시고는 얼른 가운을 벗고 내 곁에서 장난감을 치워 주시곤 했어요.

주보선은 좋은 아빠였을 뿐 아니라 애정 깊은 남편이었다. 요리 솜씨가 훌륭했던 그는 가족을 위해 종종 중식 요리를 하기도 했다. 저녁 식사를 준비함으로써 아내의 부담을 덜어 주었는데 두말할 것 없이 이것은 게일에게 멋진 선물이었다. 리디아는 아버지 주보선이 매사에 "자기를 죽이고 나보다 남을 낮게 여겨 섬기는 모범"을 말없이 행동으로 보여 주었다고 말한다.

주보선은 집에 와서 점심을 먹곤 했는데, 그 시간에 간호사였던 어머니 게일과 함께 관심이 있는 임상 환자의 예를 가지고 의학적 토론을 하는 모습을 보면서 자랐다. 이런 영향으로 리디아는 간호사의 길을 가게 되었다. 특히 어머니 게일의 영향이 컸다.

아빠는 엄마가 환자들에게 얼마나 훌륭한 간호사였는지 말씀하셨어요. 그래서 엄마에게 매력을 느끼게 되었다고 하셨지요. 엄마는 내가 아는 누구보다도 관대하고 친절하며 배려심 많고 공감 능력이 넘치는 분이셨어요.

리디아가 어머니 게일의 뒤를 이어 간호사가 된 것은 자연스러운 일이었다. 리디아는 "비록 어린 소녀였지만 나의 인생이 예수병원과 연결되어 있고, 점차 부모님의 소명을 이해하면서 그것이 내 인생의 일부가 되었다"고 회고한다. 하나님께서 각 사람을 하나님과의 관계를 통해 부르시지만, 리디아는 부모님이 한국에서 선교사로 살아온 결과로서 자신에게 주어진 풍요로운 유산에 감사드린다고 말했다.

성실과 겸손으로 예수님을 따랐던 분

넷째 피터는 다섯 아이 중 유일하게 1969년 한국(예수병원)에서 태어났다. 그는 밴더빌트 대학을 졸업하고 노스캐롤라이나 대학에서 의학을 공부한 뒤 아버지를 이어 의사가 되었다. 그는 소아청소년과 의사로서 현재 노스캐롤라이나 애슈빌Asheville에서 개원의로 일하고 있다. 피터는 공중보건학을 공부한 캐서린Catharine Ryn과 결혼했다. 캐서린은 현재 전업 주부로 살면서 교회학교에서 아이들을 가르친다. 피터와 캐서린은 네 명의 자녀를 두었다. 첫째 앤디Andy는 전액 장학금으로 듀크 대학에서 공부하고 중국에서 중학교 학생들에게 영어와 자기 전공 분야를 가르쳤다. 그 밑으로 딸 애비Abby, 아들 팀Tim과 실라Silas가 있다.

피터는 예수병원에서 태어나 어린 시절을 전주에서 보내면서 선교사촌에 운영하던 방 네 개짜리 집에서 초등 교육을 받았다. 방과 후에는 선교사촌 일대의 동산을 돌아다니며 노는 것이 일이었고, 선교사촌 밖에 있었던 가게들에서 군것질을 하기도 했다. 그리고 가까이에 있는 다가산에 올라가 아침 일찍 운동하러 온 사람들이 산 정상에서 하듯 '야호' 하고 외치기도 했다.

미국 기준으로 보면 물질적으로 풍요롭지는 못했지만 그들에게는 별 문제가 아니었다. 아이들은 끼리끼리 뭉쳐 다니며 몇 시간이고 선교사촌 안에서 자전거를 타거나 시멘트로 된 테니스장에서 여러 가지 놀이를 하며 놀았다.

피터는 형과 친구 세 명이 함께 제주도에 놀러 갔던 일을 기억한다. 그가 대학 1학년을 미치고 한국을 방문한 여름이었다. 그들은 꽤 긴 여정이었지만 한라산을 등반하기로 했다. 서너 시간을 아름다운 풍광을 감상하며 등반한 끝에 그들은 마침내 정상에 도착했다. 그러나 사전에 준비를 잘 못해서 아무런 먹을 것도 마실 물도 없었

넷째 아들 피터와 게일.

막내아들 데이비 부부.

다. 마침 젊은 한국인들을 만났는데, 이내 준비 없이 등산하다가 곤경에 처한 것을 알고는 음식과 물을 나눠 주었다. 그들은 이 호의를 감사함으로 받아들였고 하산길 내내 동행했다. 당일치기로 등반 온 그리스도인 일행이었던 그들과 그 후 다시 만나 식사하고 교제의 시간도 가졌다. 이런 계획하지 않았던 만남이 평생의 기억으로 남아 있다. 피터는 한국에서의 생활을 매우 따뜻하게 추억한다.

외국에서 살아 보았다는 것은 하나의 특권이라고 할 수 있어요. 우리는 물질적으로 많은 것을 가지지 못했을지는 모르지만, 여기서 맺은 관계들, 우리를 향한 한국인의 친절함, 그리고 우리와 다른 문화를 가진 나라에서 산다는 경이로움이 우리를 풍요롭게 해 주었어요.

한편 피터는 아버지 주보선을 성실과 겸손으로 예수님을 따랐던 분으로 기억한다.

아버지는 '대단한 성실함과 겸손의 사람'이었지요. 한 번도 자신과 가족들, 그리고 예수병원을 향한 주님의 신실하심과 약속과 공급하심에 대한 믿음이 흔들린 적이 없었어요. 아버지의 말은 항상 신중했고, 결코 남을 낮게 여기지 않았어요. 아버지는 늘 섬기는 삶을 살았지요.

아버지는 예수님의 모범을 가슴에 새기고 계신 분이었어요. 그는 자신의 주장을 고집하는 일이 없었고 다른 사람을 섬기기 위해 자신이 원하는 바를 양보했어요. 의사로서, 선교사로서, 남편으로서, 그리고 아버지로서 변함없이 그러셨죠. 어머니가 외할아버지의 병 수발을 위해 미국에 머물러야 했을 때도 아버지는 예수병원에서 일하기 위해 3년 이상 어머니와 떨어져 지내셨어요. 부부로서 당연히 함께 지내야 하는 시간을 희생하기로 함으로써 외동딸인 어머니는 연로한 아버지를 돌볼 수 있었고, 아버지는 한국에서 계속 일할 수 있었답니다.

피터는 이 기간에 KCA에서 중학교 과정을 다녔기 때문에 아버지와 함께 한국에서 지냈다. 피터는 대전에서 전주 집에 오는 날이면 어머니가 계시지 않아서 아버지가 무척 외로워하신다는 걸 느낄 수 있었다고 기억한다.

주보선은 신문 읽기를 좋아했고, 정치적인 확고한 입장이 있었지만 그것을 결코 남에게 강요하지 않았다. 그런 태도는 그의 방식이 아니었다.

피터도 아버지가 대단한 스포츠광이었다는 점을 강조한다. 테니스, 배구, 야구, 미식축구를 좋아했지만, 어떤 종류의 스포츠 경기든 상관하지 않고 시청했으며, 특히 자녀들이 하는 스포츠 경기를 관람하기 좋아했다고 한다. 주보선은 게일과 함께 자주 대전 KCA에 가서 아이들의 경기를 보며 응원했다. 이 시기의 자녀들에게는 부모님이 그 자리에 있다는 사실만으로도 큰 의미가 있음을 그들도 알고 있었다.

피터는 아버지가 음악을 좋아했는데 특히 성악을 즐겼다고 기억한다. 악기를 다루지는 않았지만 주보선은 교회 찬양대나 남성 선교사로 구성된 중창단에서, 아니면 주일 예배에서 찬양에 참여했다고 한다.

피터 역시 아버지가 정기적으로 가정 예배를 드리지는 않았고 종교적 훈계를 한 적도 별로 없었다고 기억한다. 그러나 피터는 이렇게 말한다.

주님은 우리 가족으로서 우리의 모든 일상에 스며들어 계셨다. 우리가 교회 예배에 참석하든, 한국의 동료나 친구를 만나든, 여행을 하든, 심지어는 놀 때도 마찬가지로 우리 가족이 여기에 있는 목적은 복음을 전하기 위함이라는 사실에 변함이 없었다.

데이비는 1973년 주보선과 게일의 나이가 각각 50세, 37세였을 때 낳은 막내아들이다. 데이비는 채플힐의 노스캐롤라이나 대학을 졸업한 후 필라델피아의 웨스트민스터 신학교 Westminster Theological Seminary에서 공부했다. 그는 대만 출신의 페이 슈안 Pey Shyuan 과 결혼했는데, 그녀도 밴너빌트 대학을 졸업한 뒤 웨스트민스터 신학교에서 공부했다. 안전 문제로 구체적으로 밝힐 수 없는 나라에서 선교사로 일했고, 지금은 시카고에서 그 지역 학생들을 위한 사역을 하고 있다. 쿠퍼 Cooper(결혼 전 게일의 성), 소피 Sophie, 에바 Eva 등 세 딸이 있다.

  이 막내아들 부부는 선교지에서 귀국해 주보선의 집에 함께 살면서 주보선의 마지막 몇 년 동안 간병을 도왔다. 선교지에서 돌아와 마땅히 갈 집이 없었던 이유도 있었지만, 데이비 아내의 동양적 사고가 연로한 부모님 수발을 자연스럽게 생각했을지도 모른다.

선교사 자녀로 살아간다는 것

주보선의 첫째 아들 필립은 한국에서 청소년기를 보낸 것에 대해 좋은 추억을 가지고 있다. 그 이유를 그는 이렇게 이야기한다.

첫째, 대전에 있는 KCA를 다녔기 때문에 기숙사 생활이 필수여서 집을 떠나 있어야 했다는 점이다. 그에게 집을 떠나 지낼 수 있다는 것은 정말 좋은 일이었다. 그때가 열네 살이었으니 부모님과 마찰을 일으키기 쉬운 사춘기였기 때문이다. 게다가 미국 속담에 '떨어져 있으면 그리움이 더해진다'는 말이 있는데, 그의 경우가 바로 그랬다. 그는 부모님을 그리워했고, 집에 대한 '향수병'도 생겼다. 그러면서 한 공간에 살면서 생길 수 있는 조그만 마찰은 피할 수 있었다.

둘째, KCA가 소규모였다는 점이다. 그의 반에는 열세 명의 학생이 있었고 모든 활동을 함께 해야만 했다. 음치라도 합창단에서 노래해야 했고, 운동에 소질이 없어도 배구팀에서 함께 뛰어야 했다. 연기와는 거리가 먼 학생이라도 어쨌든 학교의 연극에 출연해

1960년대 선교사 설대위(외과), 주보선(내과), 계일락(소아과), 우요한(소아과, 지역사회보건), 보요한(목사), 권익수(병원행정) 등의 자녀들.

야 했다. 미국의 큰 학교에 다녔다면 경험하기 어려웠을 폭넓은 경험을 할 수 있었던 것은 KCA가 작은 규모였기 때문이다. 이 점에 대해서는 루이사도 마찬가지로 느끼고 있었다. 비록 선택과목의 폭이 넓지 못한 단점이 있었지만, 학생 수가 적어서 여러 활동에 참여한 것이 큰 장점이었다고 기억한다.

그러나 필립은 세 번째 이유가 가장 중요하다고 강조하는데, 학교의 선배들이 롤모델이 되어 주었다는 점이다. 선배들이 추구하는 가치와 도덕적 인격을 갖추려고 노력하는 모습을 후배들이 따라갈 수 있었다. 이 점은 필립뿐 아니라 루이사도 강조하는데, KCA 출신들 모두에게 장차 어떤 사람이 되어야 할 것인지에 대해 지대한 영향을 미쳤을 것이라고 한다. 루이사는 "비록 잘 훈련된 교사가 없어서 학부모가 대학에서 전공한 것을 가르치는 경우도 있었지만, 나중에 대학에 진학해 심한 경쟁 속에서 공부하는 데 별 무리가 없을 정도로 잘 준비되어 있었다"라고 말한다. 루이사는 무엇보다 성경 과목과 정규 과목 외에 학생이 인도하는 성경 공부를 통해 스스로 깊이 있는 신앙적 성장을 이룬 시기였다고 회고한다.

역문화 충격

필립은 한국에서 청소년기를 지낸 것이 월등하게 좋은 점이 많아서 단점을 말하라고 하면 대답하기 어렵다고 했다. 그러나 일반적으로 선교사 자녀들은 자국 문화에도 익숙하지 않고 선교지 문화에도 익숙하지 않아서 문화적 어려움을 겪는다. 자연히 그들끼리 문화를 형성하게 되는데, 그래서 이들을 소위 TCK Third Culture Kids, 즉 '제3 문화 아이들'이라고 한다. 필립은 선교사 자녀, 즉 MK Missionary Kids로 자란 것의 한 가지 단점은 자국 문화에 낯설어져서 대학을 다니기 위해 본국에 돌아왔을 때 오히려 문화 충격에 빠진다는 점이라고 말했다.˙ 이는 많은 선교사 자녀들이 겪는 일로 필립 역시 그런 경험을 했지만, 압도적 장점들에 비하면 그것은 아주 조그만 단점이었다고 한다. 이에 대해 좀더 구체적인 피터의 이야기를 들어 보자.

뒤돌아보면 우리는 전주에서 온실 안에 있는 것처럼 잘 보호받았던 것 같아요. 한국 사회도 변화하고 있기는 했지만, 아직 상당히 보수적이었고 전통이 지배하고 있었죠. 아버지의 안식년으로 미국에 와서 중학교에 들어갔을 때와 특히 대학에 가기 위해 돌아왔을 때 주변의 사람들이 너무 부도덕하다고 느껴져서 이들과 나는 공통점이 없다는 생각이 들 정도였어요. 대학에서 나는 그리스도인을 포함해 좋은 친구들을 많이 만났는데 특히 한국 학생들과는 훨씬 더 친밀함을 느꼈죠. 아쉽게도 한국말로 깊은 소통을 할 수는 없었지만 오늘까지도 이들과 끈끈한 연대감을 가지고 있어요.

- 이들은 모국에 돌아와 오히려 문화 충격을 겪는데, 이것을 역문화 충격(Reverse Culture Shock)이라고 한다.

루이사도 비슷한 이야기를 한다. 한국에서 이중 문화 속에서 자랐다고는 하지만 "둥지 안의 새처럼 기독교 분위기의 안전한 학교에서 기독교 문화만 접하다가 그리스도인이 아닌 사람들과 부딪쳐야 하는 미국으로 돌아왔을 때 문화 충격을 받았다"는 것이다. 그뿐만 아니라 "같은 그리스도인들에 대해서도 그들의 삶이 그리스도인의 표준에 미치지 못한다고 생각되면 매우 비판적으로 판단하는 경향이 강했다"고 스스로를 뒤돌아보았다. 그러나 이중 문화에서 자란 것은 무엇과도 바꿀 수 없는 소중한 경험이었고 그것을 후회한 적도 없다고 말한다.

반면에 필립은 한국에서 선교사 자녀로 자라면서 매우 후회되는 점이 있다고 했다. 한국 사람들과 실질적인 교제를 하지 못했다는 것이다. 사실 당시 대부분의 선교사 가정은 담으로 분리된 선교사촌 안에서 주로 선교사와 그들의 자녀들과 교류하며 지냈다. 물론 선교사 자녀들도 한국말을 배웠지만, 그저 "이것은 얼마입니까?" "화장실은 어디입니까?"와 같은 아주 기본적인 말밖에 하지 못했다고 회고한다.

필립은 이것이 매우 불행한 일이었을 뿐 아니라 아이러니한 일이었다고 말한다. 왜냐하면 자신의 부모는 한국 사람과 가까워지기 위해 이곳에 왔는데, 막상 그 자녀들은 수년 동안 한국에 살면서도 한국 친구를 사귈 수 없었을 뿐 아니라 버스 정류장에서 누구를 만나도 간단한 대화조차 하기 어려웠기 때문이다.

3부

그가 우리에게
남긴 것

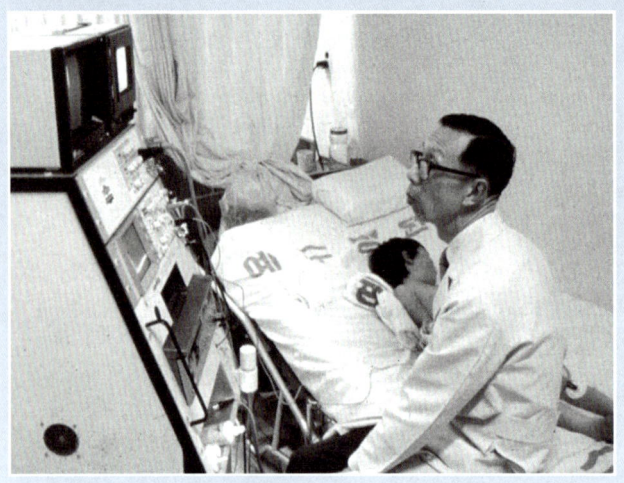
류마티스 심장판막증이 많았던 1960년대에 심장초음파를 도입해 진료하는 모습.

세심하고 성실한 고품격 진료

주보선은 한국에 있는 동안 예수병원에서 주로 내과 전공의들을 가르쳤다. 그에게 배울 수 있는 특권을 누린 내과 의사들의 회고를 토대로 그가 어떤 일들을 했고 어떻게 영향을 끼쳤는지 추적해 보려 한다.

주보선은 입원환자가 있는 내과 의사라면 누구나 그렇듯 병원에 출근하면 아침 회진으로 하루를 시작했다. 그리고 입원환자나 외래환자를 진료하면서 전공의를 가르치는 일에도 많은 시간을 사용했다. 환자 옆에서 꼼꼼하게 병력을 청취하고 증상에 대해 문진·시진·청진·타진을 했으며, 특유의 명필로 그 소견을 진료 기록으로 남겼다. 의과대학에서 임상 과목을 시작할 때 제일 먼저 진단학 과목에서 이학적 검사 요령을 배운다. 그러니 사실 교과서대로 진료하는 의사는 별로 없기 때문에 전공의들은 진료 기록을 보고 환자의 이학 소견을 맞춰 보면서 공부하곤 했다.

심전도

예를 들어, 심장판막증 환자를 진료할 때 주보선은 놀라울 정도로 정밀하게 심장음 청진 소견을 기술했다. 우선 심장음이 정상인지, 비정상이면 잡음이 어디에서 들리는지, 수축기 잡음인지 이완기 잡음인지를 구별해 적었다. 이어서 잡음이 S1, S2, S3 어디에 속한 소리인지, 그리고 어느 판막에서 나는 소리인지, 또 그 소리의 세기(수축기 잡음 등급 1-6 또는 이완기 잡음 1-4)를 정도에 따라 구별하고, 크레센도(점점 세게)인지 디크레센도(점점 여리게)인지, 아니면 범수축기 잡음인지 등을 구별해 기록했다. 지금이야 심장판막증이 흔치 않은 병이 되었지만 그가 한국에서 일하기 시작한 1967년 당시에는 류마티스열이 흔했다. 이 병의 합병증으로 판막 질환이 발생하면 남은 생애는 부정맥과 심부전으로 나타나는 괴로운 증상들을 안고 살아야 했다.

전공의들은 심장병 환자가 입원하면, 좀 부지런한 전공의는 자신의 답이 맞나 확인하기 위해 나름 정성껏 병력을 청취하고 청진도 하면서 자신의 답을 써 보기도 했지만, 자신이 없는 전공의들은 아예 정답 해설판인 주보선의 외래 진료 기록부가 올라올 때까지 기다리기도 했다. 그 당시 심 잡음은 내과 전문의 시험에도 자주 등장하는 문제였기 때문에 심장음 오디오 테이프를 구해서 들어야 했던 전공의들에게는 큰 행운이었다.

전공의 결원이 생기고 수련 과정이 4년에서 3년으로 줄어들면서 3, 4년 차가 함께 전문의 시험을 치르게 된 때가 있었다. 당시 전공의 3년 차였던 김귀완은 3년 만에 시험을 봐야 했기 때문에 시험 준비 시간이 부족했지만, 꽤 많은 시간 동안 주보선에게 배울 수 있었던 것을 감사하게 생각했다. 전문의 시험에 빠지지 않고 출제되던 심전도를 자세히 배울 수 있었기 때문이다. 심전도는 그날그날 전공의들이 먼저 판독한 후에 주보선의 확인을 받아야 했다. 보통 하루에 내과 10여 개, 다른 과 20여 개의 심전도를 일차 판독해 가지고 가면 주보선은 아주 꼼꼼히 확인했다. 판독이 옳은지 그른지 이전에 기본 리듬, PR(심방 심실 박동) 간격, QRS(심실박동파)의 크기 및 간격, 심장 축의 변화 등 기본적인 측정치도 조금의 오차를 허락하지 않고 고쳐 주었다. 지금은 심전도 판독을 기계가 자동으로 해주고, 심초음파나 전기생리 검사를 통해 심장에 대한 평가를 하기가 훨씬 수월해졌지만, 당시에는 심전도 하나에 의존해 심장 판막의 변화와 심근 허혈이나 경색 여부 및 부위에 따른 예후 예상, 부정맥의 종류와 치료 결정을 위한 정보 등을 얻어야 하는 경우가 많았다. 주보선은 심전도 강의를 통해 왜 이런 파 wave 나 부정맥이 나오는지와 같은 심전도의 전기물리학적 이론을 자세히 설명해 주었다. 이런 과정을 통해 전공의들은 당시 심장병 진단에서 매우 중요한 역할을 했던 심전도 실력을 크게 향상시킬 수 있었다.

    지금은 너무 흔해져서 순환기내과 의사들의 청진기처럼 되어 버렸지만, 당시에는 흔치 않았던 심장초음파 echocardiography 가 주보선 덕분에 예수병원에는 다른 병원에 비해 일찍 도입되었다. 류마티스열로 인한 판막증 환자가 많았던 당시로서는 진료에 매우 큰 도움을 준 변화였다. 승모판이나 대동맥판의 협착으로 심부전이 매우 흔했고, 부정맥(심방세동)이 자주 나타났기 때문에 심장초음파는 심전도와 함께 심부전의 정도를 파악하여 치료하는 데 큰 도움을 주었다. 당시 예수병원의 전공의들은 다른 병원에서는 쉽게 받을 수 없는 수준 높은 수련을 받았다.

심장박동기

완전방실차단이 발생한 환자에게는 인공심장박동기 pacemaker를 시술했다. 예수병원은 1960년대 말에 이 시술을 시작하여 우리나라에서 이 분야의 선구적인 역할을 했다. 당시 심장박동기를 재고로 보유하고 있던 시절이 아니라 필요가 발생하면 주문하곤 했다. 그래서 급할 때는 행정부서의 권익수가 홍콩을 통해 심장박동기를 수입하고 김포공항에 가서 직접 주문한 심장박동기를 찾아오기도 했다. 당시의 심장박동기는 지금처럼 작지 않아서 시술해 놓으면 앞가슴 위쪽이 불룩 튀어나왔다.

영구 심장박동기가 준비되기 전에는 응급으로 임시 심장박동기를 시술했는데, 이때 전공의는 카테터(심도자)가 우심실에 닿으면 낮은 전압부터 시작해 적절한 박동이 되기까지 지시에 따라 전압 조절기의 스위치를 조절하는 보조역을 맡았다.

1960년대 우리나라의 의료 수준은 선천적인 심장 질환에 대해

속수무책이었다. 개흉 수술이 필요한 선천성방실중격결손증 congenital atrioventricular septal defect 같은 질환을 앓는 아이는 어려서 결손된 벽이 자연 폐쇄되지 않으면 이른 나이에 심부전으로 사망하는 경우가 대부분이었다. 언젠가 한 회사의 사장과 식사할 기회가 있었는데 그는 내가 예수병원 내과에서 일했다는 사실을 알고는 "주보선 박사를 아세요?" 하고 물었다. 그렇게 주보선에 대한 그의 이야기는 시작되었다.

1967년 어느 날 주보선이 일곱 살 난 신우종이라는 남자아이를 진료했는데, 나이에 비해 성장이 더디고 숨을 가쁘게 쉬었다. 주보선은 이 아이가 선천성방실중격결손증이 있음을 알았다. 아이의 선천성방실중격결손증은 자연 폐쇄가 잘 안 되는 유형이어서 개흉 수술로 결손 부위를 막지 않으면 생명을 유지하기 어려웠다. 주보선은 아이를 살려야겠다는 일념으로 텍사스아동병원 Texas Children's Hopsital 에서 심장 수술을 개척한 세계적인 대가 쿨리 Denton A. Cooley 박사에게 이 아이를 연결했다. 감사하게도 쿨리 박사는 아이를 수술하겠다고 응답했다.˚ 그러나 한국 정부는 이런 일을 후진국의 부끄러운 민낯을 드러내는 것으로 생각하여 여권 발급을 주저했다. 주보선은 이런 부분까지 세심한 도움을 주었고 마침내 아이는 미국 비자를 받아 쿨리 박사에게 수술을 받았다.

• 쿨리 박사는 최초로 인공심장을 이식한 흉부외과 의사로, 휴스턴의 베일러 의과대학 메디컬센터에서 심장 수술을 선도했다.

심장병 수술의 대가인 쿨리 박사와 쿨리 박사에게 수술받은 신우종 어린이. 건강하게 자라 지금은 어엿한 사업가가 되었다.

그 아이가 자라 어엿한 사업가가 되어 나와 함께 식사하고 있었던 것이다. 그는 가슴에 있는 흉터를 볼 때마다 자신의 생명이 지금까지 이어지고 이처럼 회사를 운영하는 자리까지 오게 된 것은 주보선 박사의 덕택이라고 생각한다고 말했다. 그는 미국에 가서라도 그분을 찾아뵙고 싶다고 했다. 그러나 감사를 표하기에는 너무 늦었음을 알고 깊이 아쉬워했다. 어린 생명에 대한 주보선의 애정과 세심한 배려를 잘 보여 주는 일화다.

심낭천자 시술

1980년대 이전에는 우리나라의 결핵 유병율이 지금보다 높았고 치료받지 못하는 환자도 많았다. 그래서 결핵성 심낭염 pericarditis 으로 인해 심낭에 삼출액이 고이고 이것이 심장을 압박하는 심낭압전 cardiac tamponade 이 발생하는 환자들이 적지 않았다. 누우면 증상이 악화되기 때문에 앉아서 숨을 헐떡이다가 심장 박동이 약해지고 혈압이 떨어지면 생명이 위독해진다. 이때 긴급하게 심낭천자 pericardiocentesis 시술이 필요했다. 요즘은 중환자실에서 정교한 영상 이미지를 보면서 활력징후 모니터를 달고 이 분야 전문의들이 시행하는 시술이다. 그러나 당시에는 감시 장치들이 별로 없었던 터라 전공의들은 주보선의 꼼꼼한 가르침 아래 주로 병상에서 시술했다. 가슴 검상돌기 아래에서 왼쪽 어깨를 향해 큰 바늘을 찔러 넣을 때 심낭이 뚫리는 느낌을 손에서 감지할 수 있도록 주보선은 꼼꼼

영어로 쓴 주보선의 의무 기록.

하게 가르쳤다. 전공의 시절에 배운 이런 다양한 시술은 특히 해외 선교사로 일한 몇몇 의사들에게 큰 도움이 되었다.

나는 나이지리아에서 일할 때 타임머신을 타고 돌아간 것처럼 결핵성 심낭염으로 심낭 압전에 빠진 환자를 몇 명 만났고, 전공의 시절의 실력을 발휘했다. 그때마다 '전공의 시절에 제대로 배우고 직접 해 보지 않았더라면 할 수 있었을까?' 생각하며 감사했다. 숨을 헐떡거리며 앉아서 밤을 지새우고 간신히 병원 문턱을 넘어 온 환자를 나는 심전도와 가슴 사진만으로 충분히 진단할 수 있었고, 시술 후 얼마 안 되어 심장 압박이 풀렸는지 환자는 흰 이를 드러내고 웃으며 드러누웠다. 이렇게 그 환자는 열악한 시설의 오지 병원 의사에게 성취감을 주고 의사로서의 자존감을 지켜 주었다. 기적 같은 변화를 바라보는 환자 가족의 감사 표현은 덤으로 주어지는 보람이었고, 때로 계산에 없었던 복음의 문이 열리는 순간이 되기도 했다. 그런 순간마다 설교가 아닌 일상적 의료와 삶을 통한 주보선의 가르침을 회고하며 감사하게 된다.

영어 의무 기록

의사로서 주보선에게 배울 점 중 돋보이는 것은 타과에서의 진료 의뢰(컨설트)에 답하는 태도였다. 명필로 기록하는 그의 컨설트 답변은 보통 한 장을 넘기는 경우가 많았는데, 그 기록 내용은 당시 전공의들에게 매우 소중한 자습서가 되었다. 김종준은 주보선의 영문 의무 기록 필체가 예술이라고 했다.

환자를 면담하고 이학적 소견을 물을 때는 전공의들이 동행했는데, 쉽지 않은 한국말 표현을 영어로 통역하면서 매우 실제적인 공부를 할 수 있었다. 특히 의학 용어보다는 환자들이 표현하는 증상을 영어로 통역하는 데 어려움이 있었다. 띠엇띠엇 아픈 환자, 우리하게 아픈 환자, 욱신거리는 환자, 벌렁벌렁한 환자…. 그때는 지금처럼 인터넷에 전자사전이 널려 있는 시절이 아니었고 통역기 앱은 공상 만화에도 등장하지 않았던 시절이다. 그래서 어려움을 느낀 만큼 더 많은 것을 찾아 배우게 되었다.

주보선의 단점이라면 진료 시간이 길다는 점과 한국말이 능숙하지 못하다는 점이었다. 새로운 환자를 진료하는 시간이 최소 30분 이상 걸렸다. 전공의 한 명이 붙어서 진료 과정을 배우기도 하고 부족한 영어로 통역도 해야 해서 때로는 한 시간 가까이 걸리기도 했다. 그러나 결과적으로 이 단점들은 환자에게뿐 아니라 우리 한국인 의사들에게 큰 도움이 되었다. 우리는 그의 원칙적이고 교과서적인 진료를 제대로 배울 수 있었다. 외래 진료실에도 그의 진료실과 전공의 진료실 사이에 뒤쪽으로 통하는 문이 있어서 전공의들은 진료를 보다가도 어려움이 생기면 조언을 받을 수 있었다. 의학 공부를 위한 자료가 부족했던 1970년대에 이용웅은 주보선에게 미국 전문의 자기평가 시험문제집을 받아서 공부하기도 했다.

그뿐 아니라 영어로 통역을 하고 회진 시 입원환자에 대해 설명해야 했기 때문에 매일 덤으로 영어로 말하고 듣는 훈련을 한 셈이었다. 사실 우리가 당시에 쓴 의무 기록에는 소위 '콩글리쉬' 문장이 많았다. 이런 점에서도 주보선의 의무 기록은 우리에게 큰 도움이 되었고, 지금까지도 그 영향이 남아 있다. 후일 기회가 되어 미국 연수를 갔던 제자들에게 미국의 낯선 병원 환경에 적응하는 데 알게 모르게 도움이 되었다는 사실 또한 부인할 수 없다.

우리의 의무 기록을 살펴본 설매리*는 우리가 흔히 실수하는 문장과 그것을 정정한 영어 문장을 비교할 수 있게 손바닥만 한 책자를 만들어 전공의들이 활용하도록 했다. 지금처럼 원어민 영어 선생이 흔하지 않은 시절이었으니 영어 의무 기록 쓰는 법을 배우는 제대로 된 기회였음이 틀림없다.

---

* 당시 병원장이던 설대위의 아내로 임상병리 기사로 일했으며 파파니콜로(George V. Papanicolaou)에게 배웠다. 파파니콜로는 여성 암 검진에 지금도 필수적인 Pap 염색법을 개발하여 암 조기 검진에 지대한 공헌을 한, 기념우표가 발행될 정도의 세포병리학의 대가다.

환자 진료를 상의하는 주보선과 김문중.

생명 존중과 당당함이 어우러진 의료인의 태도

지금은 은퇴했지만 주보선이 처음 예수병원에서 일하던 1967년 경 내과 전공의였던 오병남은 심장내과 진료에 자신감을 가지도록 수련받은 것은 물론 주보선을 통해 "환자를 하나님의 형상으로 대하는 진지한 의사로서의 태도"를 배운 것에 대해 평생 기억하고 감사한다고 회고했다.

병원에서는 항상 겸손한 자세로 환자를 진료하셨고, 위급한 환자가 있을 때 보고를 하면 새벽 한두 시라도 마다하지 않고 언제든 병실로 와서 환자의 임종까지도 지켜보시던 그 모습은 나의 모델이 되었고, 오늘날 의료인들이 본받아야 할 진정한 의사의 표상이리고 생각합니다.

의료는 유한자인 의료인이 절대가치인 인간 생명을 대상으로 수행하는 것이기 때문에 난해한 경우가 발생하기 마련이다.* 당시에는 객사를 용납하지 못하는 분위기였다. 집 밖에서 죽으면 혼이 저승에 정착하지 못하고 이승을 떠도는 객귀가 된다는 전통적 믿음이 퍼져 있었기 때문이다. 그래서 1980년대에 수련받은 의사들의 업무 목록에는 이미 죽은 환자를 기관지 삽관을 유지한 채 암부백 ambu bag 을 잡고 집에 모셔다 드리는 일이 포함되어 있었다. 그렇게 집에 도착하면 기관지 삽관을 빼고 사망선고를 하는 것이다.

그런데 주보선은 심폐소생술을 지속하는 시간이 환자에 따라 달랐다. 심장 문제로 심정지가 일어나면 꼬박 두 시간도 심폐소생술을 시행하도록 했다. 회복할 가능성이 있기 때문이다. 그러나 말기 암 환자에 대해서는 심폐소생술을 하지 못하게 했다. 그래서 우리는 호스피스 완화의료가 법제화되기 전에 이미 DNR do not resuscitate (심폐소생술을 하지 마세요) 개념을 알게 되었고, 수련 기간 중 이런 의료와 관련된 윤리적 쟁점에 대해 한 번쯤 생각해 보는 기회도 있었다.

생명 존중의 태도

주보선의 제자 서복주를 통해 들은 복중독 환자의 극적인 이야기가 있다. 복요리는 송나라의 시인 소동파가 먹고 나서 "그 맛이

• 지금은 연명치료 중단에 관한 법률이 발효되어 사전의료계획서를 작성하기도 하는 시대가 되었기 때문에 많은 문제가 정리되어 가고 있지만, 1997년까지만 해도 '보라매병원 사건'으로 의료인이 실형을 받기도 했다.

죽음과도 바꿀 만한 가치가 있다"고 한 말이 전해져 올 만큼 별미라고 하지만, 그 독 때문에 가끔 문제가 되기도 하고 시간을 놓치면 사망하기도 한다. 복어 독tetrodotoxin은 모든 근육으로 가는 신경을 마비시켜서 의식은 멀쩡하지만 말도 몸짓도 할 수 없는 상태가 되고, 결국 호흡근이 마비되어 숨을 쉬지 못해서 죽게 된다.

어느 날 복어탕을 먹다가 마비가 시작된 남자가 있었다. 다행히 함께 있던 친구들이 병원으로 급히 이송하여 숨이 넘어가기 직전에 호흡기를 연결할 수 있었다. 문제는 이 사람이 눈의 미동도 없이 꼼짝 못하고 며칠을 누워 있는 동안 일어났다. 그의 아내의 눈에는 며칠 동안 미동도 하지 않는 남편이 이미 가망 없어 보였다. 중환자실에서 호흡기를 연결한 채 호전의 기미 없이 누워 있는 모습이 답답하고 병원비만 올라간다고 생각한 그 아내는 결국 퇴원을 요구하며 언성을 높이기도 했다. 몇 차례 그런 요구가 있었지만 주보선은 이를 단호하게 거절했다. 며칠 뒤 그는 회복되기 시작했고 의사 표현을 할 정도가 되자 가장 먼저 주보선에게 감사했다고 한다. '아내가 나를 집으로 데려갔으면 죽었을 텐데 선생님 덕분에 살았다'는 것이다.

가족이 원하면 치료가 꼭 필요한 사람도 자의 퇴원against advise 시키던 일이 다반사였던 당시에 환자의 생명을 가장 우선에 두고 판단해야 한다는 원칙, 나아가 자율성autonomy을 발휘할 수 없는 환자의 생명을 지키는 일이 얼마나 중요한 일인지 우리는 그를 통해 배웠다. 그렇게 사려 깊은 의료인이 되는 길을 배운 것이다.

예수병원에 정신과가 개설되었지만 초기에는 내과 소속이었다. 덕분에 우리는 정신과 회진을 돕고, 정기적으로 정신과 전문의 김임의 강의를 듣는 특혜를 누렸다. 그 강의 중에 자살 시도로 응급센터에 온 환자의 경우 정신과적 평가를 통해 도움을 주어야 자살 재발을 막을 수 있다는 내용이 있었다. 당시 농촌 지역 병원이어서였는지 수면제 다량 복용보다는 농약이나 제초제를 먹고 자살을 시도하는 사람이 많아서 응급실 당직 내과 전공의는 빈번하게 위세척을 해야 했다. 이 강의 이후 주보선은 전공의들에게 자살 시도 환자의 경우 반드시 정신과 진료를 의뢰하도록 했다.

진료 현장에서 의료적 결정을 할 때 윤리적 판단이 필요한 상황이 종종 있다. 그러나 수련 기간 중 일에 파묻혀 지내면서 점점 매너리즘에 빠져 윤리적 감수성마저 떨어지기 쉽다. 주보선을 통해 기독 의료인으로서 평생 지녀야 할 필수적인 태도를 배울 수 있었던 우리는 시대에 앞선 복을 누렸다. 수련을 마칠 즈음 주보선에게 보고 배운 생명 존중의 태도가 우리에게도 자연스럽게 몸에 배었기 때문이다. 그래서 예수병원에서는 돈이 없다는 이유만으로 환자를 돌려보내는 일은 애당초 가능하지 않았다.

부당함에 맞서는 당당함

그러나 모든 일을 판단할 때 환자 대 의료진의 관계에서 환자 편에만 선 것은 아니었다. 우리나라에 의료보험이 시행되면서 오랫

동안 가부장적이었던 의료 체계는 급격하게 계약관계 패러다임으로 전환되었다. 그리고 때로 이것이 왜곡되어 신이 아니면 회복 불가능한 의료 상황에 대해서도 의료진에게 부당하게 책임을 전가하는 일이 잦아졌다. 진료실에서 큰소리를 쳐서 난장판을 만들면 뭔가 반대급부를 챙길 수 있으리라는 계산이 깔린 경우도 있었다. 이때 주보선은 제자들이 최선을 다한 의료에 대해서는 타협의 여지 없이 당당한 모습을 보였다.

그뿐 아니라 제자들이 부당한 대우를 받을 때는 명확한 태도로 제자를 보호했다. 당시 전공의였던 신대균이 기억하고 있는 사건이 있다. 파종성혈관내응고Disseminated Intravascular Coagulation, DIC에 빠진 환자가 응급실로 실려 왔을 때의 일이다. 그 환자를 처음 살펴본 1년차 전공의는 유행성출혈열Korean epidemic hemorrhagic fever로 보인다고 하면서 시골 개원의가 치료하다가 조금 늦게 응급실로 보낸 것 같다고, 환자가 위독하다고 보고했다. 응급실에 내려가 보니 과연 환자는 심각한 상태였다. 주보선에게 환자 상태가 매우 나쁘다고 보고하고 밤샘하며 지켜봤지만 환자는 결국 사망하고 말았다. 다음 날 아침 외래 진료를 시작하려던 참이었다. 신대균은 외래 진료실 밖에서 소란을 피우는 소리가 나고 자신의 이름이 거론되는 것을 들었다. 그 소란의 주인공은 환자 가족이 아니라 외과 과장이었다. 환자를 응급실로 보낸 개원의가 자신이 잘 아는 그 외과 과장에게 부탁을 했던 것이다. 그런데 손쓸 틈도 없이 환자가 죽자 진료가 엉터리로 되었다며 흥분해서 소란을 피우고 있는 것이었다. 모두 그 외과 과장의 소란에 어쩔 줄 몰라 하는데 주보선이 나서서 환자에 대해 설명을 하고 상황을 종료시켰다. 그리고 "우리는 최선을 다했고 너는 베스트였다"고 격려해 주었다. 신대균은 지금도 그때를 생각하면서 스스로 정말 베스트였는지 되돌아보곤 한다.

한편 의료 행위는 반드시 그로 인한 예상치 못한 합병증 morbidity이나 심하면 사망 mortality도 유발할 수 있는데, 교과서적으로 그 확률이 제시되어 있기도 하다. 고의가 아닌 의료 사고에 대해 그 책임을 형사적으로 묻고 의사를 구속하는 나라는 우리나라밖에 없다는 씁쓸한 현실을 대하면서 문득 울타리가 되어 주었던 주보선이 떠오른다.

기독 의사의 정체성을 세워 준 성경 공부

주보선은 토요일 아침에 내과 전문의 및 전공의들과 함께 성경 공부를 했다. 주로 그가 인도했기 때문에 자연스럽게 영어 성경 공부가 되었다. 물론 일에 지친 전공의들이 모두 이 시간을 반겼던 것은 아니다. 마지못해 참석해서 가끔 졸기도 하고 슬쩍 빠져나가기도 했다. 지금 생각해 보면, 전공의 시절 병원 근무를 하면서 성경을 배우고 원어민에게 영어를 익힐 수 있었던 일석이조, 일거양득의 좋은 기회였다. 그러나 당시에는 감사한 줄 몰랐던 것 같다.

삶의 밑거름이 된

세월이 흘러 그 시간을 기억하는 김문중은 "콩나물에 물을 주면 다 빠져나가는 것 같지만 그래도 콩나물은 자란다"는 말을 하기도 한다. 그렇게 졸면서 들었던 성경 공부가 밑거름이 되어 믿음이 자랐고, 그 믿음을 따라 의료뿐 아니라 다양한 영역에서 봉사하는

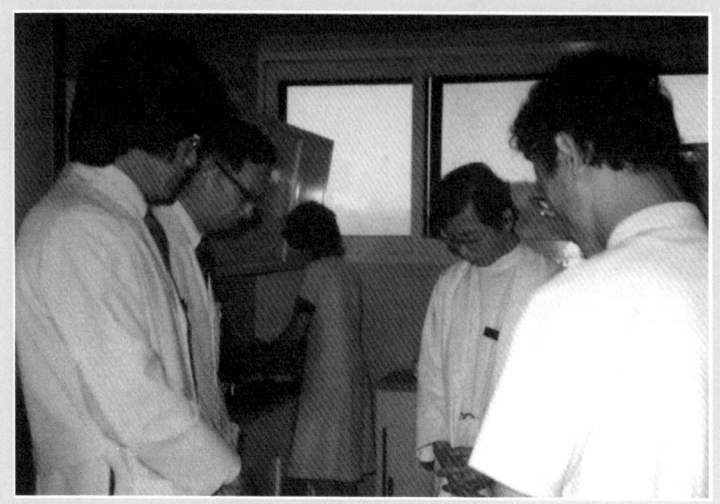
회진 전에 모여서 환자를 위해 기도하는 의료진.

바쁜 시간을 쪼개 성경 공부하던 시절.

삶을 살면서 교회에서도 중요한 역할을 하게 되었다는 말이다.

이렇게 주보선에 의해 시작된 내과의 성경 공부는 병원 전체에 퍼졌고, 의사들뿐 아니라 전 직원이 토요일 아침이면 부서별로 모여 성경 공부를 하는 전통이 자리 잡게 되었다. 지금도 의료진이 회진 전에 환자들을 위해 기도하는 것은 물론 동료들과 잠시 함께 성경을 묵상하는 전통이 있을 만큼, 병원 안에서 신앙의 표현이 자연스럽게 이루어지게 되었다.

그 성경 공부 시간에 들었던 이야기를 지금까지 기억하는 제자들도 있다. 신대균이 기억하고 있는 이야기다. 어느 날 성경 공부 시간에 주보선은 노란 바탕에 'YIELD'라고 쓰인 도로표지판을 예로 들어 이야기를 시작했다. '양보'라는 뜻이다. 운전하면서 조금이라도 빨리 가기 위해 먼저 차머리를 들이밀던 시절이었던 것 같다. 그런데 양보가 필요한 상황에서 양보하지 않아 얼마나 많은 사고가 발생하는지 생각해 보면 이것처럼 중요한 표지판이 없다는 것이다. 그는 거기서 그치지 않고 이어서 주님께 양보하고, 다른 사람을 생각해서 양보하고, 나의 유익을 위해서가 아니라 남을 위해 사는 것이 그리스도인의 삶이라고 성경 말씀을 풀어 갔다.

주보선이 한국말을 잘하지 못했기 때문에 제자들은 의학과 성경을 영어로 배우는 특권을 누릴 수 있었다. 주보선의 단점이 바로 주보선만의 장점이기도 했다. 주보선이 병원 채플에서 설교할 때면 영어 원고를 한국어로 번역하는 것을 도우면서 배웠고, 특히 그의 깊은 성경 묵상은 후일에도 많은 이들이 기독 의사로서의 정체성을 가지고 사는 데 도움이 되었다. 이용웅은 우리나라 내과 의사로서는 처음으로 1979년 방글라데시에 선교사로 파송되었는데, 주보선의 섬기는 삶이 선교사로서 그의 모델이었다.

합리적 사고를 통한 조화로운 인간관계

주보선은 경영학을 전공하고 MBA를 받은 전문가였다. 그러나 의사가 되어 선교사로 헌신한 이후 결코 병원장이나 행정가의 위치에 서는 것을 원치 않았다. 물론 누군가는 의료선교에서 대형 선교병원의 행정가로서 바른 성경적 세계관을 가지고 의미 있게 기여해야 할 것이다. 그러나 그는 병원을 경영하기보다는 성실한 의사로서 평범한 생활인의 모습으로 살았다.

그에게 한국 사람은 동료였고 삶을 나누는 하나님의 형상이었다. 그는 어떤 누구도 대상화하지 않았다. 이제 막 의사가 되어 수련을 시작한 전공의들에게도 그렇게 대했다. 오히려 우리가 가진 선입견과 언어 문제로 우리 스스로 담을 만들어 그를 어려워했는지도 모르겠다.

그의 유일한 행정 보직은 선교사 은퇴를 앞둔 1987-1988년에 잠시 맡은 기독의학연구원장이다. 그것도 설대위 병원장의 안식년 동안 그를 대리해 준 것이었다.

기독의학연구원 직원들과 함께.

성취나 업적보다 관계

설대위는 비록 의과대학을 설립하고자 한 뜻을 이루지는 못했지만 그 가능성을 놓지 않기 위해 기독의학연구원을 설립했다고도 할 수 있다. 그러나 무엇보다 수련 병원으로서 예수병원이 한국에서 많이 발생하는 암, 당뇨병, 고혈압 등의 원인과 치료에 관해 연구할 필요가 있었고, 선교 병원으로서 선교 도서실과 해외 가난한 나라의 인력이 와서 의학 연수를 받을 수 있는 기관의 필요성을 담당하기 위해 큰 발걸음을 내디딘 것이다. 또 이곳에서 지역사회 보건사업도 수행되었는데, 우요한에 의해 시작된 지역사회 보건사업은 연세대학교 예방의학 교수였던 김명호나 지역사회 보건 과장 김기순 등이 주도적 역할을 했다. 주보선은 이 일을 도울 때도 어디까지나 내과 영역에서 보조 역할만 감당했다.

한편 기독교 신앙이 학문에 대해 이원론적 태도를 취하기 쉬웠던 상황에서 학문도 하나님의 영역임을 드러내고자 기독의학연구원이라고 명명했다. 생화학연구실, 면역학연구실, 약리학연구실을 갖추어 시작했고, 나중에는 분자생물학연구실과 동물실험실이 추가되었다. 최근에는 임상연구실을 두고 기관생명윤리위원회 Institutional Review Board, IRB나 의료기기 임상시험센터 등이 가동되어 기초의학과 임상의 가교 역할을 담당하고 있다.

기독의학연구원 초기에는 세계적 면역학자 탈미지 David W. Talmage 박사가 자주 방문하여 머물면서 기초 작업을 도와주었다.* 설

주보선이 설대위에게 보낸 봉함엽서.

대위와 그는 젊은 연구원을 미국으로 초청해 스스로 연구할 수 있는 길을 열어 주기도 하고, 미국에 있는 한국인 학자를 초빙하기도 했다.**

기독의학연구원장 직책을 주보선이 맡은 것은 격이 맞는 일이었을지 모르나, 선교사 정년이 불과 1년 정도 남은 상황이어서였는지 그의 활동이 기록으로 남은 것은 거의 없다. 다만 우연히 설대위와 주고받은 그의 봉함엽서 몇 통이 나중에 발견되어 그나마 그가 어떤 자세로 일했고 그런 중에도 남을 어떻게 배려했는지 엿볼 수 있었다.

주보선은 그 짧은 기간 동안에도 동료 선교사에 대한 존중과 한국인 직원들에 대한 동료로서의 실제적 배려를 아끼지 않았다. 설대위와 주고받은 편지에는 병원 복귀 후 여러 사안을 판단할 때 도움이 되도록 꼼꼼하게 상황을 적고 있다. 예를 들어, 연구원 직원들의 처우에 대한 의견을 개진하기도 했다. 생화학·면역학·약리학 실험실을 갖춘 기독의학연구원은 분야마다 박사학위 소지자들로

- 데이비드 탈미지(1919-2014년)는 한국에서 선교사 자녀로 태어나 평양에서 선교사 자녀 학교에 다녔다. 그는 당대 최고의 면역학자로서 클론선택이론(clonal selection theory)으로 노벨상에 근접했던 학자다. 1946년 젊은 시절에는 맥아더 군정 당시 전북 지방에 콜레라로 1만 명이 사망했을 때 전북 지방 곳곳에 늘어서 생명을 구하기 위해 노력했다(설대위, 『상처받은 세상 상처받은 치유자들』, 김민철 역, IVP, p. 100).
- ** 김미정과 신성혜는 미국 연수를 했고, 미국에서 당뇨약을 개발하는 약리학자를 초빙하기도 했다.

권익수 부부(가운데)의 금혼식에 참석한 설대위 부부(왼쪽)와 주보선 부부(오른쪽).

구성되어 있었는데, 태생적으로 수입 없이 지출만 하는 기관이라 조건이 맞지 않으면 언제든 연구원들이 사직하리라는 것은 어느 정도 예견된 일이었다. 실제로 몇몇 연구원은 미국 연수와 경력을 쌓은 후 의과대학으로 떠났다.

주보선과 설대위는 서로 여러모로 달랐지만 매우 아름다운 관계였음을 엿볼 수 있었다. 편지에 의하면, 미국에서 발이 넓은 설대위는 선교사 은퇴 후 주보선이 일할 수 있는 직장을 알아봐 주기도 하고, 게일이 간호사로 복귀해 일할 수 있도록 재교육 과정을 안내하기도 했다. 또 교육받는 동안 노스캐롤라이나 몬트리트에 있는 자신의 집에 기거하고 차도 사용하도록 배려하는 등 평생 동역자로서 끈끈한 정을 나누었다. 1998년 4월 3일 권익수 부부의 금혼식에는 주보선 부부와 설대위 부부가 축하하기 위해 찾아오기도 했다.•

그들은 이방인으로 한국 땅에 와서 주보선 부부는 21년 동안, 권익수 부부는 26년 동안 설대위 부부와 동고동락했다. 2004년 11월 21일, 먼저 하나님 품으로 간 설대위 추모 예배에서 주보선은 추모사를 통해 그의 마지막 길을 배웅했다.

• 권익수는 경영학과 병원행정학 석사를 마치고 1963년부터 예수병원에서 병원 행정을 수립했다. 1989년에는 아프리카 레소토(Lesotho)로 옮겨 스콧 병원을 도왔다. 그 후 1년 4개월 동안 미국장로교 한국선교부(서울)에서 일하고 1992년 12월에 은퇴했다.

편지 속에 담긴 배려와 사람 세우기

다시 편지로 돌아가 보자. 주보선의 편지에는 먼저 설매리의 건강 문제(흉추 압박 골절과 C형 간염)와 그 치료에 대한 조언과 마음이 담긴 위로, 계속 기도하고 있음을 언급하며 격려하는 내용이 서두에 짧지 않게 나온다. 평생을 하나님 나라를 꿈꾸며 함께 일했던 신실한 사람들에게도 어쩔 수 없이 다가온 육신의 쇠약과 그것을 서로 챙겨 주는 모습, 65세로 선교사를 정년 퇴임하고 귀국해서는 생활을 위해 일자리를 찾는 모습, 그리고 역문화 충격도 예상할 수 있어서 마음 한편이 저린다.

공적 업무와 관련된 편지 내용에는 안식년 중인 설대위의 질문에 대해 꼼꼼히 조사해 답을 해 주고 또 설대위의 의견을 묻는 내용도 자주 나온다. 그중에는 기독의학연구원이 화이자(고혈압약 독사조신)와 광동제약(면역증강제 폴리사카라이드 K)과 계약해 진행하던 약물 임상에 대한 것도 있는데, 화이자와의 계약에 대한 변호사의 의견을 꼼꼼하게 전하고 있다. 또 연구원 설립을 돕던 랩 박사가 떠나고 나서 그 공백을 메우기 위해 면역학과 생화학 연구실에 각각 책임자를 세우는 일에서 한국인 박사급 직원들을 배려하는 조언도 하고 있다.

가장 관심을 두고 편지를 주고받은 것은 전북대학교 의과대학 생화학 교수였던 지은정을 기독의학연구원의 연구를 감독할 수 있도록 겸직시키는 일에 대해서였다. 설대위는 당시 상황에서 지은정

교수가 기독의학연구원에 꼭 필요한 존재라고 판단했다. 그는 미국에 있으면서도 아플라톡신Aflatoxin 연구를 위해 지은정 교수를 도왔고, 신성혜 박사의 연수 계획 등을 주보선과 상의했다. 주보선은 지은정 교수가 선교부의 집을 사용하도록 하고 병원이 선교부 사택 사용료를 지불하도록 하자는 의견을 내기도 했다. 또 내빌 박사가 떠난 후 생화학 연구실의 연구원인 신성혜 박사를 면역학 연구실의 김미정 박사와 같은 실장 직위를 주는 것이 좋겠다고 조언하기도 한다.

이처럼 한국인 동료를 배려하는 의견을 내는 배경을 그 스스로 "타이틀을 중요시하는 동양 문화"에 익숙하기 때문일 거라고 자신의 편지에 언급하고 있다. 그러나 새로 선임된 예수병원의 한국인 병원장은 당시 노동조합과의 갈등 속에서 불필요한 인력이 늘어나는 것으로 보이는 것을 염려한 나머지 기독의학연구원에 대한 지원을 주저했다. 심지어 연세대학 세브란스병원과의 공동연구마저 거부할 정도였다. 사실 예수병원의 새 리더십은 연구원을 위한 설대위의 계획과 실제적인 노력을 이해하지 못했다. 안식년 중이던 설대위는 소변 분석을 통한 아플라톡신 연구로 미국 국립암연구소NCI에 연구비를 신청하기 위해 유력한 사람들을 만나며 백방으로 노력하고, 다국적 기업과 임상 연구도 추진하고 있었다. 연구원에 대한 설대위의 이러한 뜻과 장기 계획을 이해하고 있었던 주보선은 안식년을 마치고 돌아올 설대위를 전적으로 지지하는 입장에서 일했던 것이다. 연구원의 목표와 사업이 계획대로 진행되었다면 예수병원의 위상도 지금과는 다르지 않았을까 하는 아쉬움이 남는다.

어쨌든 주보선은 연구원장의 직무를 수행하면서 한국인이든 선교사든 함께 일하는 모든 사람을 동료로서 인격적으로 배려하는 인간적인 따뜻함과 겸손함으로 대했다. 그의 합리적인 사리 판단과 동양 문화에 대한 타고난 이해와 존중하는 태도는 그가 조용히 일하는 중에도 드러났다. 그에게 선교 목표는 어떤 업적을 성취하는 것이 아니라 함께 일하는 과정에서 서로 이해하고 겸손함으로 배려하면서 합리적 사고를 통해 조화로운 인간관계라는 열매를 맺는 것이었다. 그에게 선교는 삶을 통해 사람을 세우는 일이었다.

편지 내용에는 우리나라의 정치 상황에 대한 언급도 있는데, 1987년 12월 16일에 치러질 대통령 선거에서 두 김 씨가 양보하지 않는 점을 언급하며 예측할 수 없는 결과가 나올 가능성에 대해 아쉬움을 토로하기도 했다. 그의 눈에 비친 한국의 정치 현실은 안타깝기 짝이 없었다. 위대한 신학자 칼 바르트Karl Barth가 그랬던 것처럼, 그는 늘 한 손에는 성경을, 한 손에는 신문을 들고 복음의 눈으로 세상을 읽을 줄 알았다.

섬기는 삶, 단순한 삶

주보선에게 선교사의 길은 풍요로운 삶을 포기하고 단순한 삶을 살기로 작정하는 것이었다. 한국에서도 명예를 위해 더 좋아 보이는 길을 선택할 여지가 없지 않았다. 당시 한국에 존재하지 않던 미국 순환기내과 전문의가 지방 병원에 있다는 사실이 알려지면서 세브란스병원에서는 그가 서울에 와서 가르치고 진료해 주기를 바랐다. 그가 그렇게 했다면 사실 의학적으로는 더 크게 기여했을지도 모른다. 서울에서 충분히 실력을 발휘하면서 보다 명예로운 길을 갈 수도 있었을 것이다. 실제로 예수병원 선교사로 파송되었다가 서울 소재 대학병원으로 옮겨 간 한국계 미국인도 있었다.

그러나 주보선에게는 그런 것이 중요하지 않았다. 그의 중심에는 늘 처음 파송받은 예수병원이 있었다. 종종 중국인(화교)들이 찾아와 그들을 진료하기도 했지만, 이 땅에 한국인을 위해 왔다는 신념은 그의 마음이 중국인들에게 기울어지지 않도록 이끌었다.

오직 섬김으로

1983년, 주보선의 회갑연 때 일이다. 당시 나는 전공의였고, '십자가를 지고 나를 따르라'는 소명의 길을 걷는 주보선의 생애와 일치하는 찬송이라고 생각되어 "예수 나를 오라 하네"(영어 가사는 이렇다. I can hear my Savior calling[×3]. Take thy cross and follow, follow me. Where he leads me I will follow[×3]. I will go with Him all the way)를 영어로 불렀다. 그리고 그의 제자였던 우리 전공의들은 한국식으로 그에게 큰절을 하려고 했다. 이를 알아차린 주보선은 손사래를 치며 벌떡 일어나 그 자리를 피했다. 그 이유에 대해 당시 우리 전공의 몇몇은 "이분이 이걸 우상숭배라고 생각하시나 보다"라고 의견을 모았었다.

그러나 웬일인지 나는 이 일이 잊히지 않았다. 지나치게 근본주의적인 태도가 아닐까 하는 생각 때문이었다. 그런데 후에 이것을 확인해 볼 기회가 있었다. 2015년 9월 30일, 그가 하나님 나라로 돌아가고 10월 3일에 콩코드의 프로비던스 교회에서 추모 예배가 열렸다. 예배 후 나는 게일에게 이것에 대해 물어보았다. "회갑연에서 절을 받지 않고 자리를 피하신 것이 우상숭배라고 생각해서인가요?"

그러자 게일은 그게 아니라고 대답했다. 중국 사람이었으니 큰절을 하는 것에 매우 익숙하다는 것이었다. 그러나 섬기러 온 사람이 큰절로 섬김을 받는다는 것은 그에게 있을 수 없는 일이었다고 게일은 말해 주었다.

웅변이 아니라 삶으로 나눈

주보선의 검소한 생활 태도는 선교사 생활비로 다섯 자녀를 양육하기 위한 고육지책이었을지도 모른다. 그러나 그 검소한 모습을 옆에서 보고 배운 제자들에게 알게 모르게 영향을 끼쳤다. 개원의로 일하는 그의 제자 김인재는 물건을 잘 버리지 못한다. 결혼할 때 장만하여 한 번쯤 새것으로 바꿀 만한 장롱을 아직 버리지 않고 사용하고 있다. 그것을 불만스러워하던 그의 아내는 그것이 주보선의 영향 때문임을 뒤늦게 알아차렸다고 한다.

주보선의 검소한 삶은 몇몇 일화에서도 잘 드러난다. 병원 식당에서 식사할 때 그는 익숙하지 않았을 것 같은 콩나물국을 곧잘 먹었다. 그저 멀건 국물에 콩나물 몇 가닥이 둥둥 떠 있는 심심한 듯 시원한 콩나물국을 즐겨 먹던 소탈한 모습을 지금도 기억하는 제자들이 있다.

한번은 누군가 고마움의 표시로 그에게 구두상품권을 선물한 적이 있었다. 저녁 회진을 마친 시간, 전공의들이 구두 선택하는 것을 돕기 위해 시내의 구두점까지 동행했다. 그러나 찾아간 매장의 구두는 다 너무 반짝거리고 또 화려하게 보이도록 다양한 장식까지 붙어 있었다. 수보선은 단순하고 광택이 없는 구두를 찾다가 결국은 구두상품권을 사용하지 못하고 돌아왔다.

나는 추모 예배 때 주보선은 '단순한 삶' Simple life 을 살았노라고 이야기하며 이 구두상품권 이야기를 곁들였다. 가족들도 충분히 그

주보선 내외와 정인숙.

랬을 수 있다는 듯 고개를 끄덕이며 동의했다. "그 후 그 상품권의 행방은 아무도 모른다"고 덧붙였고, 추모객들의 웃음이 터졌다. 천국으로의 환송을 함께 축하하며 즐거워할 수 있는 추모식의 분위기가 무척 부러웠다.

1980년 초에 수련을 받은 김귀완은 가난한 전공의의 딸 돌잔치를 챙길 만큼 자상했던 주보선의 인간적인 모습에서 "참 그리스도인의 숭고함을 느꼈다"고 회고한다. 웅변이 아니라 삶으로 나눈 사소한 것들이 가슴에 평생 남아 있다. 어떤 제자는 그가 중국에서부터 미국으로 건너가 의사가 되어 한국에 오는 과정을 잔잔한 이야기로 듣고는 그의 인생 여정이 가슴 뭉클한 감동이었다고 추억하기도 한다.

오랫동안 예수병원 설대위 병원장의 비서실을 지켰던 정인숙은 비서실에서 근무를 시작하면서 훈련받던 어려운 시절에 위안을 주었던 주보선 부부를 이렇게 회고한다.[•]

1982년 봄 설대위 원장님 비서실에는 텍사스 대학교 총장 비서로 일하다 정년퇴직하고 단기 선교사로 예수병원에 와 재능 봉사를 하고 있는 코프Mrs. Martha H. Cope 할머니가 계셨어요.^{••} 코프 할머

• 정인숙은 예수병원 비서실에서 근무하고 미국에 건너가 박사학위를 받고 인디애나주 노터데임 세인트메리스 대학 교육학과 교수로 재직하고 있다.
•• 코프는 예수병원 비서실에서 일했다(1978-1984년). 마침 내가 전공의였을 때였는데, 비서실에 쌩쌩 찬바람을 일으켰던 분으로 호랑이 할머니로 통했다. 의무 기록

니는 제가 비서가 되기 위해 반나절에 걸친 시험과 원장님과의 면접을 끝내고 나왔을 때 뒤에서 꼭 안아 주셨지요. 그러나 일을 시작하자마자 무서운 조교로 변했고, 나는 갓 입소한 훈련병처럼 하루하루 험난한 날을 보냈어요. 훈련병으로 사는 몇 달은 괜히 왔나 싶을 정도로 힘들었답니다. 코프 할머니는 이미 병원 전체에 호랑이 할머니로 소문이 나 있어서 전공의 선생님들도 비서실에 들어오기를 꺼려했고, 학회 발표 슬라이드를 준비하기 위한 도움을 청할 때는 문밖에서 고개만 들이밀고 손짓으로 나를 불러내 부탁할 정도였어요. 그때만 해도 비서실에는 한국에 몇 대 없었던 IBM과 애플 컴퓨터가 있었고 영문 전동타자기가 있어서 부탁받을 일이 많았지요. 한국말은 전혀 못했지만 할머니는 눈치가 엄청 빨라서 할머니 몰래 해 주는 건 거의 불가능했어요. 그러다 보니 훈련받는 것도, 감시받는 것도 무척 힘이 들었던 때지요.

비서실 밖 가까운 곳에 선교사님들을 위한 우편함이 있었는데, 주보선 박사님은 매일 한 번씩 우편물을 찾으러 오셨고, 그때마다 비서실에 들러 "How are you?" 하고 말을 건네셨는데, 내가 괜찮다는 대답을 할 때까지 내 앞에 서서 기다리다 뒤돌아 나가셨지요. 무표정한 듯하지만 살짝 미소 띤 얼굴로 짧은 인사 한마디를

지 중 경과 지록지(progress notes)가 제목만 있고 빈 종이여서 지금처럼 A4 용지가 흔치 않던 시절인지라 거기에 학회 발표 자료를 적어 타이핑을 부탁하러 비서실에 갔다가 이를 본 코프에게 용도가 있는 서류를 다른 목적으로 사용했다고 야단맞고 자존심이 상했던 기억이 새롭다.

건네주신 것이 그때는 얼마나 따뜻하게 느껴졌던지요. 그 말에서 나를 염려하는 마음이 전해졌고 새내기 훈련병 시절의 나에겐 정말 큰 힘과 위안이 되었어요. 선교사님들도 호랑이 코프 할머니의 소문을 들어 알고 계셨지요.

가끔은 게일 사모님이 대신 우편물을 찾으러 오시곤 했어요. 온화한 미소를 지닌 사모님께서는 비서실에 들어와서는 잔잔한 목소리로 어려움은 없는지, 도움이 필요한지 꼭 물어보시곤 했지요. 잠깐의 대화였지만 늘 따뜻하고 온화해서 포근함이 잔뜩 묻어나는 분이셨어요. 설매리 여사님은 돌아가시기 전에 자주 뵈었는데, 미국에 혼자 있었던 저를 성탄절마다 몬트리트의 집으로 초대해 주셨어요. 그때마다 예수병원과 선교사님들에 관한 이야기를 들려주시곤 했지요. 게일 사모님은 전주의 선교사촌 자녀들에게 좋은 선생님이고 다정한 엄마였다고 말씀하셨어요.

힘들 때 한결같이 관심 어린 말로 예수님의 사랑을 나누어 주셨던 두 분을 기억하며 지금도 저는 학교에서 힘들어 보이는 학생들을 눈여겨보았다가 수업 중에 또는 수업 후에 격려가 되는 말 한마디라도 건네려고 노력한답니다. 그분들로부터 전해 받은 따뜻한 마음과 예수님의 사랑을 학생들과 조금이라도 나누어 가질 수 있기를 바라면서요.

주보선은 노래하는 것을 무척 좋아했다. 그의 굵고 부드러운 베이스 목소리는 듣는 사람에게 평안을 주었다. 그는 권익수가 주도했던 병원 합창단과 직원들이 병실을 돌면서 환자들에게 위로와 용기를 주기 위해 찬양 활동을 했던 이브닝 콰이어에 적극적으로 참여했다. 이브닝 콰이어는 예수병원의 의사를 포함한 다양한 직원들에 의해 지금까지 이어져 내려오는 전통이고, 합창단은 순회공연을 다니는 등 활발한 활동을 하고 있다.

4부

계속되는 아름다운 삶과
영향력

미국으로 떠나는 날, 내과 제자들과 함께.

세월을 넘어선 사랑의 교류

주보선은 장로교 선교부의 정년 정책에 따라 65세가 된 1988년에 은퇴해 한국에서의 선교사 삶을 마무리하고 미국으로 돌아갔다. 게일은 "하나님의 시간 계획은 놀랍고, 감사하다"고 말했다. 주보선이 시작한 순환기내과를 맡아 이어 갈 훌륭한 젊은 한국인 의사 김종준이 준비되어 있었기 때문이다. 주보선은 김종준을 자신이 한국에 선교사로 나오기 전까지 과장으로 근무했던 뉴욕 감리교병원에 연수를 다녀오게 했다.° 오늘날 예수병원의 순환기내과가 대학병원이 아니면서도 앞서가고 있는 것은 이런 배경에 뿌리를 두고 있다.

게일은 한국을 떠나야 하는 순간을 '쓰디쓴 달콤함bittersweet의 경험'이라는 형용모순의 단어로 표현했다.

• 김종준은 뉴욕 감리교병원과 주보선의 후원 교회가 있던 녹스빌(Knoxville)의 테네시 대학병원에서 공부했다.

우리의 생애에서 가장 의미 있게 기억할 만한 시간을 보낸 아름다운 나라, 우리가 알게 되고 사랑한 사람들이 사는 나라. 우리를 감사함으로 환영해 준 사람들, 언어를 잘 이해하지 못하고 문화적인 차이 때문에 우리가 일으킨 실수에 관대했던 사람들, 우리를 그리스도의 동역자로 받아들여 준 사람들을 떠난다는 것은 쓰디쓴 부분입니다. 달콤한 부분은 흩어져 있던 우리 자녀들이 한 가족으로 다시 모일 수 있게 된 것이지요.

이렇게 주보선은 1967년부터 시작한 21년간의 선교사 생활을 마치고 미국으로 돌아갔다.

코리안드림, 그 이후

미국에 돌아가 그들이 제일 먼저 한 일은 일자리를 찾는 것이었다. 막내 데이비는 고등학교를 시작했고 아직 대학에 다니는 자녀들이 있었다.

의료선교사는 은퇴 이후 경제적 어려움과 더불어 흔히 의사로서 의료적 퇴보로 인해 귀국하여 적응하는 데 어려움을 겪는다. 주보선의 순환기내과 제자 김종준은 그가 한국에 나올 당시 미국 순환기내과 전문의의 연봉이 10-15만 달러였다고 기억한다. 이에 비해 한국에서 선교사로 일한다는 것은 한 달에 1000달러 남짓의 생활비로 살 것을 기꺼이 결심하는 것이며, 그 대가는 은퇴 이후 생활비를 벌어야 하는 어려움을 각오하는 것이었다. 게다가 선교지에 있는 동안 저만치 발전해 버린 본국의 의료에서 뒤떨어진 것은 의료선교사가 귀국해 직면해야 하는 필연적 어려움이었다. 한국에 올 당시 우리나라에서는 시행하지 못하던 인공심장박동기 같은 최첨단의 시술을 했던 주보선도 예외는 아니었다.

1967년, 주보선이 한국에서 의사로 일하기 시작할 당시 예수병원 원장이었던 구바울은˙ 미국 의사협회저널 JAMA에 한국의 의료 상황을 투고한 바 있다.˙˙ 이에 의하면, 외국의 의과대학 출신 의사들이 미국에서 의사 면허를 취득할 수 있도록 ECFMG Educational Council for Foreign Medical Graduates에서 시험을 시작한 1965년 이래 한국의 두뇌 유출은 더욱 악화되었다.˙˙˙ 1968년까지 면허를 취득한 13,401명의 한국 의사 중 자그마치 3,000명이 한국을 떠났고, 1967년에는 그해 졸업생의 61퍼센트인 376명이 한국을 떠나 미국으로 갔다. 구바울은 미국이 교육비도 들이지 않고 공짜로 데려간

˙ 구바울(1919-2005년)은 한국에서 선교사 자녀로 평양외국인학교(선교사 자녀 학교)를 다녔다. 존스홉킨스 의과대학에 진학하여 외과 의사가 되었고 해방 후 예수병원을 존스홉킨스식 수련 병원으로 다시 세웠다. 1946-1969년까지 예수병원에서 외과 의사 및 병원장으로 일했다.

˙˙ Paul S. Crane, M.D., "An Unresolved Problem for Developing Countries: Korea as Exhibit A", *JAMA*, 1969, 209(13):2039-2041.

˙˙˙ 선교학자 케인(J. Herbert Kane)도 그의 책 *Understanding Christian Missions* (Baker Book House, Grand rapids, 1983), p. 312에서 가난한 나라의 의료인 유출이 심각함을 지적하며 한국을 그 예로 들었다.

그 의사들을 정작 필요로 하는 사람들은 찢어지게 가난한 한국의 국민이라고 지적했다.

그런데 주보선은 이 흐름을 거슬러서 심장내과 의사로서 보장된 미국에서의 삶을 내려놓고 한국에 왔다. '아메리칸드림'을 찾아 한국을 떠나는 의사와 이미 손에 쥔 그것을 내려놓고 복음을 위해 '코리안드림'을 택한 의사의 대비는 참으로 아이러니한 역사의 한 페이지다.

한국에 나오기 전까지 미국에서의 그들 삶의 기반은 뉴욕이었지만 이제는 뉴욕으로 돌아갈 수 없었다. 생활비를 감당할 수 없었기 때문이다. 결국 딸 루이사가 사는 노스캐롤라이나 채플힐을 정착지로 선택했다. 그리고 주보선은 포트브래그에 있는 워맥육군의료센터에서 순환기내과 의사로 일하게 되었다. 미국의 의사들은 이제 은퇴하고 골프나 여행 등 취미 생활을 하며 여유로운 삶을 즐길 때였지만, 그는 생활을 위해 일을 해야만 했다. 그가 한국에서 보낸 세월은 전문 분야의 퇴보를 피할 수 없었기 때문에 근처의 그럴듯한 병원에서 일할 수 있는 여건이 되지 않았다. 채플힐에서 병원까지는 100킬로미터가 넘는 거리여서 출퇴근에 족히 왕복 세 시간을 사용해야 했다. 비록 야간이나 주말 근무는 하지 않았지만 5년 이상 이른 아침에 출근하여 늦게 퇴근하는 생활을 해야만 했다. 여기에서도 그는 은퇴할 때 군부대로부터 공로패를 받았다. 부대원들을 위한 양질의 진료를 위해 자기 시간까지 희생해 가며 성실하게 진료해 준 그에게 감사를 표시한 것이다. 그는 1994년 71세에 워맥육군의료센터를 떠남으로써 의사로서의 여정을 마무리했다.

게일도 간호사로 노스캐롤라이나 대학병원의 소아청소년과에서 1995년까지 일한 뒤 은퇴했다. 그 후 그들은 2003년에 딸 루이사가 사는 콩코드로 이사해 생의 마지막까지 딸과 이웃하여 살았다.

예수병원 100주년 행사

1998년은 여의사 마르다 잉골드 Martha B. Ingold 에 의해 시작된 예수병원이 개원 100주년을 맞이한 해였다. 당시 예수병원 원장은 이용웅으로, 그는 1979년에 내과 의사로서 우리나라 첫 해외 의료선교사로 파송되어 8년 동안 방글라데시에서 일하고 귀국한 뒤 후에 병원장이 되었다. 그를 중심으로 1,000여 명의 동료 직원과 많은 동문, 그리고 지역사회가 어우러져 예수병원 개원 100주년 행사를 성대하게 진행했다. 이 자리에 수많은 선교사와 그 자녀들이 초대되었다. 설립자 마르다 잉골드의 흉상을 제막하고, 전북대학교에 있는 삼성문화회관의 대규모 홀에서 헨델의 "할렐루야"가 500여 직원의 합창으로 울려 퍼졌다.

주보선은 예수병원 100년 역사 중 21년을 함께한, 선교사 정년까지 일한 두 사람 중 하나였지만, 아쉽게도 이 영광스러운 자리에는 참석하지 못했다. 제자들이 항공권을 보냈지만 건강이 나빠져서 장시간 비행이 어려웠기 때문이다. 이용웅은 누구보다도 큰 아쉬움

내과에서 보내온 선물 상자에 있던 편지를 읽고 있는 주보선 부부.

을 표현했다. 그가 방글라데시에서 귀국하여 적응하는 그 어색하고 힘들었던 시간을 주보선 부부가 곁에 있어 주었기 때문이다. 이들이 이용웅에게 보여 준 관심과 격려는 그가 한국에 재정착하는 데 큰 위로와 힘이 되었고, 그는 이것을 늘 가슴 뭉클한 감사와 감동으로 기억하고 있었다.

다행스럽게도 예수병원이나 내과 후배 제자들과 주보선의 인연은 태평양을 사이에 두고 계속 유지되었다. 기획조정실장이었던 나는 예수병원 100주년 다큐멘터리 제작 시 MBC 방송국 팀과 함께 주보선을 방문했고, 병원장 시절에는 2004년 11월 21일에 돌아가신 설대위와 그 다음해 6월 12일에 돌아가신 구바울의 장례식에 참석할 기회가 있었다. 그때마다 노스캐롤라이나의 몬트리트나 블랙마운틴 Black Mountain 에서 주보선을 만날 수 있었다. 그 후로도 나는 몇 차례 미국에 갈 때면 콩코드의 자택을 방문했다. 또 애슈빌에서 소아청소년과 의사로 일하는 주보선의 아들 피터의 집에서 그 가족들이 모였을 때 주보선이 요리해 준비한 만찬을 함께하기도 했다. 내과 동문들이 준비한 편지와 선물을 전했을 때 어린아이처럼 행복해하던 모습을 지금도 잊을 수 없다.

세월을 넘어선 교제

김귀완은 1992년 미국 연수 중 같은 시기에 연수 온 오길현과 이광민, 그리고 먼저 연수 와 있던 김종준과 함께 채플힐을 방문했던 일을 기억한다. 스승과 제자들의 반가운 재회의 시간이었다. 그런데 주보선은 한국에서 이삿짐 수하물로 가져간 그 낡은 자동차를 계속 타고 다니고 있었다. 출퇴근을 위해 장거리 운전을 할 때마다 낡은 자동차 때문에 마음을 졸이는 상황이었다. 제자들은 안타까운 마음으로 쓸 만한 중고차 구입을 위해 십시일반하여 마음을 전했다.

예수병원 신장내과의 이광영은 2013년 11월 조지아주 애틀랜타Atlanta에서 열린 미국 신장학회에 참석하는 길에, 연수 목적으로 미국에 와 있던 선인오와 함께 많이 쇠약해진 스승을 방문했다. 게일은 특유의 따뜻한 환영과 함께 닭고기 요리를 대접했다. 예수병원에서 섬긴 일을 기억하며 심심한 감사를 드리자 돌아온 대답은 "It was a small thing"(그저 작은 일인 걸요)이었다고 한다. 인생의 가장 중요한 시기에 20여 년을 봉사했는데 말이다. 그 전에 주보선을 직접 만난 적이 없었던 선인오는 이때의 만남을 기억하며 "미국 신장학회에 참석해 공부한 것보다 더 의미 있는 일이었다"고 술회했다.

이석원은 선교사 은퇴 이후 미국에서의 주보선의 삶을 가까이에서 본 한국인이다.* 그는 2015년 여름 상하이의 학회에 다녀오며 상하이 사진 책을 주보선에게 선물했다. 돌아가시기 몇 달 전으로

• 현재 아주대학교 소프트웨어학과 교수로, 2003-2010년 샬럿(Charlotte)의 노스캐롤라이나 대학교 교수 시절 한국인이란 이유로 주보선 가정과 연결되어 깊은 교제를 하며 지냈다.

마지막 투병 중이던 주보선은 그날 마침 상태가 좋은 편이었다. 주보선은 침대가 아닌 거실 소파에 앉아 차를 마셨고, 책 속의 상하이 사진을 보면서 자신의 어릴 적 기억을 더듬어 이야기했다. 다시 가 볼 수 없는 어린 시절 고향에 대한 추억을 마지막 투병 중인 주보선에게 선물한 것이다. 이석원은 미국에 돌아가서도 조용한 영향력을 끼친 주보선과 어려운 사람들을 위해 봉사하는 삶을 이어 간 게일을 이렇게 회고한다.

주보선 박사님은 워낙 과묵하시고 말씀이 없으시지만, 옆에 계시기만 해도 '기도의 사람'이라는 카리스마가 느껴지는 분이었고, 사모님 게일은 누구에게나 포근하고 따뜻한 '어머니'의 참 모델이었어요. 개인적으로 한국에는 한국의 어머니가 계시고, 미국에는 게일 사모님이 계셔서 든든했던 날들이지요. 그분들 곁에 있으면 우리 자신을 스스로 더 귀한 존재로 여기게 되고, 또 우리를 신실하게 만드는 마력을 지니신 특별한 분들이에요.
　게일은 기도와 헌신으로 교회 일에 솔선수범하는 것은 물론이고 외부 활동을 많이 하셨어요. 여든이 넘은 연세에도 딸 루이사와 함께 매주 한 번씩 정기적으로 거동이 불편한 노약자나 저소득층 가정을 위해 음식을 제공하는 비영리단체 Meals on the Wheels에서 봉사를 하시기도 했지요. 교회에서는 투병 중인 가족이나 도움이 필요한 가족을 위해 손수 음식을 만들어 섬기는 자발적 프로그램에도 적극 참여하셨답니다.

주보선 자택 거실 중앙에 걸려 있는 액자.

은퇴 후에도 멈추지 않은 한국 사랑

예수병원에서 누군가 미국의 주보선 자택을 방문할 때면 주보선은 항상 샬럿에 살던 이석원 가정을 초대했다. 샬럿은 한국인이 많지 않은 도시여서 외로울 것이라는 생각에서 나온 배려였다. 또 추수감사절이나 성탄절에도 한국인들을 초대해 이국땅에서 명절을 외롭지 않게 보낼 수 있도록 신경 썼다. 이처럼 은퇴 후에도 주보선의 한국 사랑은 멈추지 않았다.

그의 한국 사랑은 자택 아래층의 넓은 놀이방에 소장된 한국의 물건들이 간접적으로 대변해 주었다. 선물로 받은 병풍, 도자기, 서예 소품들과 사진이 추억과 함께 고스란히 그들의 보물처럼 간직되어 있었다. 1980년대 초반 한국누가회 5회 수련회에서 강의를 하고 받은 "하나님은 사랑이시라"라는 글귀가 적힌 액자는 가장 눈에 잘 띄는 거실 벽에서 만날 수 있었다. 예수병원을 떠날 때 내과에서 드린 감사패는 책장 한가운데를 차지하고 있었다. 책장에 꽂혀 있는 존 스토트John Stott의 책 *The Cross of Christ*(『그리스도의 십자가』, IVP, 2007)와 더불어 그가 중요하게 생각하는 것이 무엇인지 엿볼 수 있었다.

게일은 한국 음식을 자주 요리했다. 재료를 구하러 종종 한국 상점에 가기도 했는데, 오가며 만나는 한국인들에게 관심과 사랑을 표현하곤 했다. 한국을 떠난 지 오래였지만 한국 뉴스도 빠짐없이 챙겨 본다고 했다.

주보선이 마지막에 살았던 집은 콩코드 외곽의 한적한 동네에 큰딸 루이사의 집과 마주 보고 있었다. 손주 네 명을 포함하여 매일 가족이 함께 저녁 식사를 하는 모습은 분주하게 돌아가는 현대의 일상에서 파편화되지 않은 아름다운 가정의 모습이었다. 성탄절이면 멀리 사는 자녀와 손주들까지 온 가족이 모였고, 해마다 집 현관 앞에서 찍는 가족사진은 증손자까지 탄생하면서 더 풍성해졌다.

연말이면 게일은 지인들에게 한 해 동안 있었던 가족들의 사연을 편지로 들려주곤 했다. 빡빡하게 타이핑된 편지였는데, 받는 이들을 위한 축복도 포함되어 전해졌다. 이석원은 늘 설레는 마음으로 이 편지를 받아 읽곤 했는데, 게일이 돌아가신 2019년 이후 이 편지를 받지 못하는 것을 아쉬워했다. 그는 "연말이면 소환되는 추억의 성탄 카드로 남게 되었지만, 그분의 삶의 태도와 습관을 본받게 하는 권면의 메시지로 성탄절이 올 때마다 떠올리게 될 것"이라고 말했다.

하늘나라 입성을 환송하다

　아쉽게도 주보선은 은퇴 이후 단 한 번도 한국 땅을 다시 밟지 못했다. 그러나 아흔이 넘은 나이에도 매일 기도와 성경 읽기를 잊지 않았다. 심방세동이라는 기저질환 때문인지 혈전이 발생하여 제거 수술을 받기도 하고 폐렴으로 위태로운 시기도 있었다. 게일과 루이사, 그리고 데이비 부부가 병 수발을 들었다. 마지막에는 기억의 혼란으로 인해 집에 있으면서도 예수병원에 있는 것으로 착각하고 병원 소식을 묻기도 했다고 한다.

　2015년 9월 29일 오후 4시 30분, 그는 93세를 일기로 이 땅에서 육신의 장막을 벗었다. 주님이 영원한 안식처로 부를 때까지 집에 머물기를 원했던 그의 뜻에 따라 병원에 입원하지 않았다. 아내 게일과 딸 루이사, 막내아들 데이비, 루이사의 딸이 손녀 안나가 임종을 지켰다. 장지는 헌터스빌 Huntersville 에 있는 노스레이크추모공원 North Lake Memorial Gardens 이었다.

주보선의 추모 예배에서 그의 세 아들과 사위가 찬송가를 부르는 모습.

본향으로 가다

영미권의 그리스도인들은 돌아가셨다는 말을 흔히 'went home to be with the Lord'(주님과 함께하기 위해 본향으로 갔다)라고 한다. 이 땅에서 주님이 주신 꿈을 가지고 묵묵히 살아온 그에게 아주 잘 어울리는 표현이라는 생각이 들었다.

10월 3일 오전 11시에 콩코드에 있는 프로비던스 장로교회에서 열린 추모 예배는 참으로 아름다웠다. 주보선이 떠나가는 마지막 길을 가족들과 게일, 여러 추모객, 그리고 교회 성도들이 함께 배웅하고 천국 입성을 축하하는 자리였다. 주보선은 투병 중에도 자녀들을 위해 중국에서부터의 가족 이야기와 그리스도인이 된 이야기, 미국으로 건너와 의사가 되고 게일을 만난 이야기, 그리고 한국에 선교사로 가게 된 이야기 등을 기록했다. 이 책의 1부에 실린 내용이 그것이다. 이 자서전 내용을 바탕으로 자녀들은 추모 예배에서 예배당 전면에 있는 커다란 스크린에 아버지의 삶의 여정을 사진과 함께 소개했다. 아들 셋과 사위가 남성 사중창으로 부른 찬송은 슬픈 노래가 아니라 하늘나라 입성을 환송하는 아름다운 축복의 노래로 들렸다.

이광영은 오늘의 예수병원 내과가 있기까지 주보선의 기여에 대해 감사의 말을 전했다. 나는 내과 동문회를 대신해 그의 겸손하게 섬기는 삶이 얼마나 많은 사람에게 영향을 끼쳤는지에 대해, 그리고 선교를 위한 희생은 한 사람의 희생이 아니라 전 가족의 희생이었음을 상기하고 가족의 희생에 대한 감사의 말을 추모사에 담았다.

그러나 무엇보다 아름다웠던 시간은 게일이 결혼 50주년이었던 2006년에 주보선에게 바친 시를 다시 낭송한 시간이었다. 이 헌시는 그들의 첫 만남에서부터 인생의 굴곡을 지나며 하나님이 부르실 때까지, 하나님의 인도하심을 따라 살아온 두 사람의 여정을 소박하게 그린 아름다운 서사다. 그 자리에 있었던 우리의 인생길도 그러하기를 소망했다.

사랑을 기억하는 날에
— 나의 소중한 주보선을 기리며

브루클린의 유서 깊은 적갈색 사암 사이에서
그들은 서로를 알아보았네-
오십 년쯤 되었을까;
그는 동쪽에서,
그녀는 서쪽에서 왔지;
그는 훨씬 더 성숙했고 실제적이었고,
그녀는 아직 많은 것에 호기심을 가지고 있던 때였어;
그는 저명한 학자 집안에서 나고,
그녀의 시작은 수수했었지;
그는 진중하고 내향적인데,
그녀는 명랑하고 사교적이었지.

하나님이 예비하신 자리로
그들을 부르시고.
조용히, 그들은 서로를 알아 갔다네.
그녀가 손을 뻗었을 때
그는 준비된 기쁨으로 응답하고.
사랑은 꽃피기 시작하지.

온통 꽃으로 가득 찼다네.
잡초는 무성하게 꽃들을 위협하지만.
천상의 정원사는 그 일을 이루시지;
그의 피조물은 바라보기만 해도 아름답구나.

둘이 하나 되어
함께 성장하지.
그는 가르치며 이끌어주고;
그녀는 귀 기울여 배우네.
그는 그녀에게 확신을 주지.
어떤 가르침은
수없이 반복해야 하지만
그는 너그러이 받아들이지-
사랑으로.

그녀는 젊은 날의 꿈을
꾸어 보기도 하는데.
그는 인내로 그녀를 기쁘게 했지.
하나님의 놀라우신 계획은
아름다운 다섯 아이,
그들을 행복하게 하시지.

그는 신실하게 따르지,
수년 전
주님의 부르심을.
주님은
망설이던 그녀도 역시 이끄시어
함께 여행을 떠나지,
은자의 나라로,
상한 마음을 뒤로한 채.

그들은
주님이 사랑하는 이들과 함께
주님의 들판에서 일하지,
하얗게 익어 가는 들판에서.
어느 곳이나 충만한 축복.
산과 골짜기가 뒤얽히는데;
하나님은 그 모든
만물 사이를 왕래하게 하시지.

남자는 아픈 마음과 외로움을 견디며
여자가 자식의 도리를
다하게 하지.
바다를 사이에 둔 채

글로
생명 같은 사랑을 이어 가지.
'잃어버린' 세월의 아픔을 상기시키려
쌓여 간 편지들.

이십 년이
시간의 스크린에서
눈 깜박할 사이에 흐르고.
그들은 고향으로 돌아오네,
주님이 그들을 부르셨고,
주님이 그들을 준비시켰던 그곳으로.

둥지를 가득 메운
어린 새들처럼,
정성껏 보살피고,
따라 하기 가르치고,
날갯짓 배우다가,
어느 날 멀리 날아가듯이,
이렇게 그들의 소중한 아이들은
하나씩 하나씩
떠나가네.

황혼이 짙어 오니
그녀는 지나온 여러 해를 되돌아보네.
그를 생각해 보네.
하나뿐인 진정한 사랑;
그의 흔들림 없는 믿음,
올곧은 성품,
부르심에
머뭇거림 없는 순종;
청년 같은 열정,
너그러움과 자상함,
끝없는 지지;
그녀의 고집에도
묵묵히 따라 주었지.
수없이 실망시켜도
언제나 용서할 준비가 되어 있었네.
그들의 기나긴 사랑을
그는 언제나
장밋빛 유리창을 통해
보았지.

하늘의 아버지는
그녀에게 복을 주셨지,

주보선의 추모 예배에서 결혼 50주년 기념일에 주보선을 위해 쓴 시를 낭송하고 있는 게일.

그녀가 바라거나 상상한 것보다
어느 무엇보다 큰 복을;
변치 않는 최고의 친구
기쁨과 슬픔을 나누는-
그 없이는
그녀도 온전할 수 없지;
그가 없는 인생을
그녀는 상상할 수도 없네.

서로의 손을 맞잡고
함께 나이가 들어가지.
그들의 미래는
하늘 아버지의 보호 아래 있지.
내일 무슨 일이 있을지
그들은 알 수 없지만
그분의 시간이 오면
그분은 그들을 부르시리.
그들을 그분께로 부르시리.

2006년 시월에

아름다웠던 생애를 추모하고 축하하다

그로부터 3년 반 뒤, 안타깝게도 게일은 교통사고로 사망했다. 2019년 5월 19일 주일 아침, 게일은 루이사와 함께 주일 예배에 참석하기 위해 집을 나섰다. 동네 길을 벗어나 큰 도로로 합류하는 교차로에서 게일이 운전하던 차가 대형 트럭과 충돌했다. 게일은 그 자리에서 사망했다. 그녀의 나이 83세였다. 조수석에 타고 있었던 루이사는 머리에 충격을 받아 중환자실에 입원했으나 다행히 잘 회복했다.

얼마나 따뜻한 사람이었는지

게일의 추모 예배는 2019년 5월 26일 오후 4시, 주보선의 추모 예배 때와 마찬가지로 프로비던스 장로교회에서 열렸다. 이 자리에 나는 예수병원 내과의 조진웅과 정금모, 행정부서의 고근과 함께 참석했다. 놀라운 것은 어린 시절 전주에서 함께 살았던 십수 명의 선교사 자녀들이 미국 각지에서 찾아온 것이었다.

그들은 이미 50-60대가 되었지만 어린 시절 게일에게 받은 사랑을 회고하며 동창인 유가족을 위로했다. 미국은 국토가 넓어서 계획에 없는 갑작스러운 일로 모이는 일이 매우 어려운 나라로, 우리나라의 장례 문화와는 아주 다르다. 나는 이전에도 선교사 다섯 분의 추모 예배에 참석한 적이 있지만, 이렇게 많은 선교사 자녀들이 참석한 것을 본 적이 없다. 선교사 자녀로 전주 중화산동 동산에서 함께 자란 아이들에게 게일이 얼마나 따뜻한 사람이었는지 다시 한번 확인한 날이었다.

복음에 빚진 우리

예식의 하이라이트는 추모 예배 후 음식을 나누며 추모객들과 교제를 나눈 시간이었다. 게일을 먼저 보낸 교회 성도들의 아쉬워하는 모습과 게일의 삶에 대한 찬사를 들을 수 있었다. 그러나 그보다 더 놀란 것은 그 자리에 나타난 낯익은 얼굴들 때문이었다. 애양원에서 일했던 도성래 부부가 많이 연로한 모습으로 그 자리에 있었다. 보요한의 아내 보유덕 등 익히 들어왔던 호남 지방에 선교 업적을 남긴 2세대 선교사들도 있었다. 3세들은 설대위의 딸 크리스틴과 제니퍼 Jennifer, 권익수의 자녀 에이미, 스캇 Scott Grubs, 서의필 John & Virginia Somerville 의 아들 월터 Walter 와 안나 Anna, 보요한의 자녀 폴 Paul, 낸시 Nany, 마티 Marty Stewart, 조요섭 Joe Barron Hopper 의 자녀 데이비드 David 와 앨리스 Alice, 미국남침례교 소속 하건수 Franklin and Janie Harkins* 의 딸 드보라 Deborah H. Guest 등 1950년대 중반부터 1970년대 까지 한국에서 자란 많은 선교사 자녀들을 만났다. 이들 중 상당수는 페이스북이나 직장 프로필에 자신을 전라북도 전주 출신이라고 소개하고 있었다.**

월터는 "오늘 내가 좋아하는 이모 게일의 아름다웠던 생애를 추모하고 축하하러 왔습니다. 오랜 친구들을 이렇게 많이 만나게 되어 정말 기뻐요!"라고 말했다.*** 씨슬 Sissel Topple 은 북한으로 들어가기 위해 비행 중이어서 참석하지 못하는 것을 못내 아쉬워하는 문자를 남기기도 했다.**** 데이비드 호퍼도 한국에서 태어나 열여덟

---

* 하건수는 미국남침례교 선교사로 대구 지역의 30여 개 교회를 지원하는 사역을 했고 교도소와 군인 가족 선교사역도 했다.
** 설대위의 딸 크리스틴은 현재 하버드 대학교의 완화의학 및 노인의학 주임교수인데, 앨러배마 주립대학의 호스피스 완화의학과 주임교수 당시 병원 홈페이지 교수 프로필에 전라북도 전주 출신이라고 소개해 놓았다.
*** 월터의 부친은 한남대학교에서 역사학자로서 특히 인권과 남북통일 문제에 깊은 관심을 가지고 활동한, 하버드 대학교에서 철학박사 학위를 받은 서의필이다. 주보선의 자녀들과 함께 KCA를 다녔고, KCA를 함께 다닌 한국인과 결혼했다.
**** 씨슬은 부부 의사 도성래와 안미령의 딸이다. 도성래는 애양원에서 1959-1981년까지 일한 뒤 "이제 이 일은 한국 그리스도인 의사들이 할 일"이라는 말을 남기고 케냐로 선교지를 옮겨 20년 동안 기쿠유병원에서 섬긴 정형외과 의사다. 안미령은 노르웨이 출신 소아과 의사로, 두 사람은 한국 애양원에서 만나 결혼했다. 딸 씨슬 역시 의사로, 평양에서 선교사 국제학교를 다녔던 1세대 선교사의 자녀들에 이어 2세대 선교사의 자녀로 KCA를 다녔으며 '조선의 그리스도인 벗들'이라는 NGO를 통해 1995년부터 25년째 북한에서 결핵 사업과 간염 사업 등을 하고 있다.

살 때까지 한국에서 자랐는데 그때 전주에서 어린 시절을 함께 보낸 친구들을 한꺼번에 만나게 된 것을 무척 즐거워했다. 그는 유족의 친구로서 우리가 한국에서 미국까지 조문 온 것에 대해 진지한 감사를 표했다.˙ 낸시 Nancy Hannan도 "오늘 마치 형제자매를 만난 것 같다"고 했다. 게일은 본향에 가는 그 순간에도 아름다운 만남을 주선해 주었다.

"전주 출신 모여라!" "예수병원에서 태어난 사람 모여라!" "우리 반 모여라." 이렇게 사진을 찍는 광경은 KCA를 함께 다닌 이들의 동창회 같기도 하고 이산가족 상봉 같기도 했다. 한국전쟁 이후 우리나라에 살면서 고생스러웠을 것 같은 어린 시절을 즐거운 이야기들로 추억하며 시간 가는 줄 몰랐다.

이들 중 상당수는 평양에서 중·고등학교를 다닌 부모와 조부모의 뜻을 이어 '조선의 그리스도인 벗들' Christian Friends to Korea이라는 NGO를 통해 결핵 치료, 간염 사업, 우물 파기 등 북한을 위해 많은 일을 하고 있었다.˙˙

역사를 진지하게 되돌아보면 우리가 복음에 빚진 자임을 절감

˙ 　데이비드 호퍼는 할아버지 때부터 한국에서 사역한 선교사로, 부친 조요섭은 전북 지방의 농어촌 선교에 혁혁한 업적을 남겼다. 18년 동안 한국에서 자란 그는 의과대학 4학년 때 예수병원으로 실습을 나오기도 했으며, 우간다에 있는 수단 난민들을 위해 20년 이상 일하고 있다. 그는 페이스북에 자신을 전라북도 전주 출신이라고 소개해 놓았다.

˙˙　페이스북에서 'Christian Friends to Korea'라는 이름으로 그들의 사역을 만날 수 있다.

하게 된다. 그래서 직간접적으로 그의 제자들인 예수병원 내과동문회는 화환을 보내며 "From Debtors"(빚진 자들로부터)라고 썼다.

주보선과 게일의 추모 예배에서 마음에 들어온 말은 "주님과 함께하기 위해 본향으로 가셨다" went home to be with the Lord 와 "삶을 축하한다" celebtrate his or her life 는 표현이었다. 주님과 영원히 함께하기 위해 본향으로 가려면 세상을 떠나는 것은 필연적이다." 칼 바르트는 별세를 "끝이 있는 유한한 생명의 영원화" eternalizing of this ending life 라고 했다. 죽음은 끝이 아니라 영원으로 가는 삶에서 거쳐 가는 하나의 이벤트다. 그래서 추모 예배에 모인 사람들은 우리 곁을 떠난 고인에 대해 인간적인 슬픔을 뛰어넘어 그의 삶을 축하할 수 있었다.

- 변화산에서 모세와 엘리야가 예수님과 대화하는 장면이 나오는데(눅 9:28-32) 그 주제가 예수님의 '별세'에 대한 것이다. 헬라어 성경에서 '별세'라는 말은 'exodus'(출애굽)라는 단어를 쓴다. 베드로도, 히브리서 기자도 죽음을 말할 때 같은 단어 '떠난다'(exodus)는 표현을 쓰고 있다(벧후 1:10-15; 히 11:22). 출애굽이 제국의 세계관에서 새로운 세계관으로 다스려지는 약속의 땅 가나안으로 탈출하는 사건이었던 것처럼, 이 세상의 지배 원리에서 우리가 아직 다 알지 못하는 새로운 원리의 영원한 세계로 들어가려면 '별세'라는 관문을 통과해야만 한다.

5부

아무것도 남기지 않고
모든 것을 남긴

주보선과 게일의 대가족 사진.

삶으로 모범을 보여 준

원문 오류와 번역 오류로 잘못 소개된 주보선

구바울의 아내 소피 크레인은 미국장로교 총회 선교부가 수행한 세계 의료선교의 역사를 *A Legacy Remembered*라는 제목의 책으로 저술했다. 우리나라는 물론 아프리카와 남미 나라들, 중국, 타이완, 방글라데시, 일본 등에서 행해진 1세기에 걸친 의료선교의 역사가 시대별로 기록되어 있어 역사적 가치가 있는 사료다.

이 책의 한국 의료선교 부분은 『기억해야 할 유산』(한국장로교출판사, 2011)이라는 제목으로 국내에서 출판되었다.* 그러나 정년까지 일한 선교사가 흔치 않음에도 주보선은 상대적으로 너무 간단하게

---

* 한국어 번역본은 의료와 한국 의료선교에 대한 이해가 부족했던 탓인지 아쉽게도 오역이 많고, 영어로 쓰여 있는 한국인 이름을 확인하지 않고 임의로 한국어로 옮기면서 전정렬이나 윤흔영의 경우 이름자를 바꿔 버린 예도 있다.

소개되었고 사진도 실리지 않았다. 게다가 여섯 줄 반의 원문은 의미가 다르게 번역되었다. 바로 잡아 번역하면 다음과 같다.

주보선 David Chu (베일러 대학교, 의사, 1951)은 켈러 선교사의 죽음 이후 내과 의사가 필요하다는 부르심에 응답했다. 그는 인공심장박동기 시술을 도입하고, 새 병원(1971년에 신축 이전)에서 중환자실을 만들고 직원들을 훈련시켰다. 주보선은 미국으로 이주한 중국의 저명한 가계의 일원이었다. 그는 전주에 있는 중국인(화교)에게 접근하여 의료적 도움을 주었을 뿐 아니라 복음을 전할 수 있었다.*

위의 내용은 한국어 번역본에서 번역이 잘못되어 대부분 실제와 다르게 전달되었고, 원문 자체의 내용도 사실과 다른 부분이 있다. 우선 중국에서 태어나 상하이 대학교를 졸업한 주보선을 'Chinese American'이라고 소개했는데, 이걸 "중국계 미국인 가정에서 태어난"으로 번역했다. 또 'ICU(중환자실)를 만들고 직원 교육을 했

- 원문: "David Chu(Baylor University, M.D., 1951) responded to the call for an internist following Dr. Keller's death. He introduced the implantation of pacemakers and set up and trianed staff for the intensive care unit in the new hospital. Dr. Chu was a member of a distinguished Chinese American family. He made contact with the Chinese community in Chonju and was able to serve their medical needs as well as witness for Christ in that community."(Crane, Sophie M., *A Legacy Remembered, A Century of Medical Missions*, Providence House Publisher, 1998).

다'는 의미의 원문도 "집중적으로 관리 인원을 선발하고 교육했다"라고 오역되어 있다. 심지어 심장박동기 장착 시술implantation of Pacemaker은 "평화를 만드는 사람 활동을 도입했다"고 전혀 다른 의미로 번역되었다.

한편 켈러Frank Goulding Keller 선교사가 1967년에 사망한 것은 맞지만 그는 소아과 의사였다. 당시 예수병원에서는 내과 의사로 1963년부터 일하던 스미스 티Joanne Smith T가 1966년에 귀국하게 되어 내과 의사가 절실하게 필요했었다. 주보선의 회고에 의하면, 마지막 문장도 사실 그의 관심사가 아니어서 능동적으로 화교를 위한 활동에 기여하지 않았음을 확인할 수 있다(1부 "선교 여정의 시작"을 참조하라).

그런데 왜 이렇게 소개된 것일까? 소피가 1969년에 한국을 떠났기 때문에 주보선과 함께 있었던 기간이 짧아서 제대로 그를 평가하지 못한 것일 수도 있다. 그리고 1967년 주보선이 전주에 도착했을 때 화교들의 대대적 환영을 받은 것이 선입견으로 자리 잡았을 수도 있다. 아니면, 주보선이 백인이 아닌 중국인이어서였을까? 혹은 장로교인이 아니어서였을까? 아마도 이런 요인들보다는 업적을 남기거나 자신을 드러내는 것을 원하지 않고 조용히 살았기에 선교 활동 중 남긴 사진 하나 구하기 힘들어서였을지 모른다.

그러나 몇 줄 되지 않는 원문의 소개마저 오류가 있고, 한국어 번역본은 그마저 잘못 번역된 상태인지라 이를 근거로 주보선을 한국인에게 소개하는 것은 어려워 보였다. 자신이 드러나지 않기를 원했던 주보선의 성품이 이렇게 반영된 것인가 하는 씁쓸한 생각마저 들었다.

제자들 마음에 각인된 스승

그의 이름이 남아 있는 건물이 있는가? 그의 이름을 딴 조직이 생겨났던가? 그를 따르는 제자들이 그 이름을 크게 드러냈던가?

예수병원에 가면 그의 이름을 붙인 심장혈관센터David Chu Cardiovascular Center가 있다. 그가 한국을 떠난 지 20년이 넘어서 붙여진 그 간판이 아마도 유일하게 남은 그의 이름일지 모른다. 그는 결코 어떤 업적을 목표로 일하지 않았다. 그래서 오늘날의 평가 기준으로 볼 때 대단한 무엇을 이루지도 않았고, 그럴듯하게 찍힌 사진 하나 남아 있지 않다. 그저 환자를 사랑하고 제자들을 사랑하는 평범한 의사이자 겸손한 스승이었다. 그래서 그 스승의 초상이 제자들의 마음 깊이 각인되어 남아 있을 뿐이다.

주보선의 큰아들 필립은 아버지에 대해 "아버지는 삶 자체가 신앙적인 교훈이었다. 그는 자신의 삶으로 우리에게 모범을 보여 주셨다"라고 회고했다. 아버지에 대한 필립의 회고는 그의 제자들 모두가 동의하는 공통된 기억이다.

성공에 초점이 맞춰진 것이 아니라 거기까지 오는 과정에서 그가 경험한 하나님과의 친밀한 만남을 삶으로 고백하고 보여 준 것이다.

삶으로서의 선교

우리 곁에서 잔잔한 울림이 되어

선교의 역사는 로잔대회를 기점으로 크게 변화했다.* 로잔대회는 오랫동안 유지되던 선교의 틀, 즉 교회 개척과 복음 선포에 초점을 맞추던 방식을 벗어나 삶을 통해 복음을 보여 주는 방식으로 전환하는 계기가 되었다. 더구나 남은 선교지들에는 드러내 놓고 선교를 할 수 없는 나라가 많아서 로잔선언은 선교 역사에서 큰 의

* 1974년 빌리 그레이엄과 존 스토트가 주도해 스위스 로잔에서 처음 모인 후 1989년에 2차 마닐라대회, 2010년 3차 케이프타운대회가 이어졌다. 로잔선언을 통해 소위 복음주의권에서 복음의 수직적 차원과 수평적 차원이 함께 강조되기 시작했다. 이전까지 선교는 말로 선포하는 복음, 영적 구원에 대한 강조, 십자가의 수직적 차원인 하나님과 인간의 관계라는 틀 위에 세워져 있었다. 그러나 로잔대회를 통해 인간과 인간, 인간과 자연계(창조세계)를 포함하는 수평적 차원의 삶의 모든 영역에 하나님 나라를 세워 가는 것을 선교로 받아들이게 되었고, 선교에 대한 복음주의권의 이해와 그 내용에서 사회적 이슈들이 포함되는 방향 전환이 이루어졌다.

미가 있다.

한때 중동이나 중국처럼 선교사 비자를 받기 어려운 나라들에 들어가면서 사업을 하는 것처럼 위장하는 '선교를 위한 사업' Business For Mission, BFM 이나, 학생으로 위장해 비자를 받는 일이 성행하기도 했다. 그러나 이런 선교 방식은 철저히 실패했다고 해도 과언이 아니다.*

그 후 BFM이 아니라 BAM Business As Mission 이 등장했는데 현재 선교 방식에서 매우 중요한 흐름이 되었다. BAM은 위장이 아니라 제대로 수익성 있는 사업을 하는 것이다. 이를 통해 많은 선교사가 현지인들의 일자리를 창출하고, 이익을 분배하며, 교육의 기회를 제공하면서 그들의 삶으로 들어가는 것이다. 성경적 가치관과 비즈니스 방식을 보여 줌으로써 함께 일하며 만나는 직원이나 동료들이 오히려 먼저 기독교에 관심을 가지고 다가오도록 하고 있다. 오늘날 선교의 큰 흐름이라 할 수 있는 BAM은 선교·신학적 정립뿐 아니라 그 본보기가 되는 사례가 점점 축적되어 가고 있다.**

- BFM은 시간이 지나면서 결국 다른 목적을 위한 위장이었음이 드러났고, 그리스도인들은 목적을 이루기 위해 수단과 방법을 가리지 않는다는 심각한 선입견을 조장했다. 이들 나라 정부는 위장 신분으로 활동하는 선교사들의 정보를 보유하고 있으면서 필요에 따라 선교사를 추방하거나 선교사를 따르는 자국민을 탄압하는 데 활용했다. 결과적으로 선교의 길을 가로막는 일이 되기도 했다.
- ** 예를 들면 캄보디아에서는 캐슈넛과 후추 농장을 세워 현지인들이 함께 일하며 제품을 수출하기도 하고, 국제 표준을 필요로 하는 그 나라 기업을 대상으로 회계법인 회사를 설립해 기독교적 가치관으로 운영하면서 그들의 삶 속으로 들어가기도 한다.

BAM은 '선교는 삶이다'Life As Mission, LAM라는 믿음에 근거한다. 일상생활을 통해 사람들을 만나고, 변화된 그들이 자립하여 하나님 나라를 세워 가도록 조력자 역할을 하는 것이다.

돌이켜 보면 주보선에게는 성취 지향적으로 앞만 보고 달리던 우리 젊은 의사들을 잠시 멈춰 서게 하는 묘한 힘이 있었는데, 그 힘은 웅변적 설교에 의해서가 아니라 그의 삶을 통해서였다. '우리는 어디에서 왔는가?' '우리는 누구인가?' '우리는 왜 사는가?' 하는 근원적 질문들로 그는 우리를 이끌어 주었고, 우리 곁에 있으면서 우리가 삶의 본질을 놓치지 않도록 일깨워 주는 잔잔한 울림이 되었다.

그리스도의 향기와 같은 영향력

그의 생애를 추적해 보면 회심할 때를 제외하고는 그다지 극적인 이야기도 없다. 평범한 일상 속에서 누구나 겪는 고난을 겪었고, 일상을 어린아이처럼 즐기며 우리와 다르지 않은 삶을 살았다. 종교성으로 무장한 교회가 보여 준 성속聖俗의 이원론적 벽을 자신의 삶을 통해 누그러뜨렸고, 선교-피선교, 주는 자-받는 자라는 선교의 전통적 틀도 그에게는 의미 없는 구분이었다. 그는 결코 누구도 대상화하지 않았다.

언제가 토요 성경 공부 시간에 주보선은 뉴욕에 있는 유대교 회당 옆을 지나가다 경험한 일을 이야기한 적이 있다. 한 유대교 랍

비가 자신은 안식일에 일할 수 없다고 하며 지나가던 그를 불러 회당 안의 촛불을 꺼 달라고 요청했다는 것이다. 주보선은 안식일을 율법적으로 지키는 유대인의 예를 시작으로 꼬여 버린 안식일의 진정한 의미를 풀어 주었다. 그때까지만 해도 보수적인 교회에서 배운 안식일 개념에 젖어 있던 우리의 상식을 벗어나는 개념이었다. 우리는 휴식과 안식은 다시 일하기 위한 충전의 시간 정도의 수단적 의미로 배웠었다. 세상의 원리는 말할 것 없고 교회의 가르침도 크게 다르지 않았다. 오히려 안식일을 교회에 봉사하는 날이라고 강조하는 바람에 편히 쉴 수조차 없었다. 그러나 많은 신학자가 "휴식과 안식은 하나님이 인간의 삶을 풍요롭게 하기 위해 주신 목적 가치"라는 사실을 밝혀 주고 있다.•

그때는 잘 이해하지 못했지만 지금 돌이켜 보면 '안식의 신학'을 그에게서 들었고, 그의 삶에서 안식의 의미를 읽을 수 있었다. 테니스를 즐기고, 요리로 손님 대접하기를 좋아하며, 중창과 합창 등 노래 부르기가 즐거운 그의 삶에서는 성취 지향적인 적극성을 읽을 수 없다. 그 대신 주변 사람들과 목적으로서의 안식을 함께 이

• 아브라함 헤셸(Abraham Joshua Heschel)을 시작으로 몰트만(Jürgen Moltmann), 월터 브루그만(Walter Brueggemann) 같은 위대한 신학자들이 창조세계의 평화와 축제로서 안식에 대한 신학적이고 실제적인 저술을 한 바 있다. 창세기와 출애굽기에서 시작된 안식에 대한 주제가 히브리서 4장에 이르러 구속의 완성으로서의 안식으로 이어진다. 안식은 단순히 노동을 위한 에너지 비축의 시간이 아니라 그 자체가 그리스도인의 삶의 지향점이고 목표이며, 세상과 전혀 다른 가치 체계를 받아들이는 것이다.

루어 가며 따뜻하고 겸손하게 맺는 관계 사이로 아름다운 인간적 향기가 풍겨 나왔다. 또 게일은 '관계를 이루는 일'에 타고난 은사가 있어서 그녀와 함께하는 순간을 의미 있게 만들었고, 상대적으로 말이 없고 조용한 주보선의 인생에 시너지가 되었다.

그렇게 주보선은 이미 오래전에 의료적 삶 속에서 '삶으로서의 선교' LAM가 무엇인지를 직접 보여 주었고, 영웅으로서가 아니라 그리스도의 향기와 같은 영향력으로 조용히 그의 길을 따르는 제자들을 남겼다.

65세 정년이 되어 한국을 떠나게 된 그를 환송하는 자리였다. 제자들은 떠나기 전에 한 말씀 해 달라고 요청했다. 그는 요한일서 4장을 인용하는 것으로 하고 싶은 말을 대신했다. "사랑하는 자들아, 우리가 서로 사랑하자. 하나님은 사랑이시라" Let us love one another for God is love. 위대한 어느 설교가의 메시지를 통해서도 잘 와 닿지 않았던 이 말씀이 가슴 뭉클하게 다가왔다. 그의 삶을 아는 누구에게나 그러한 감동이 밀려왔던 잊을 수 없는 환송의 자리였다.

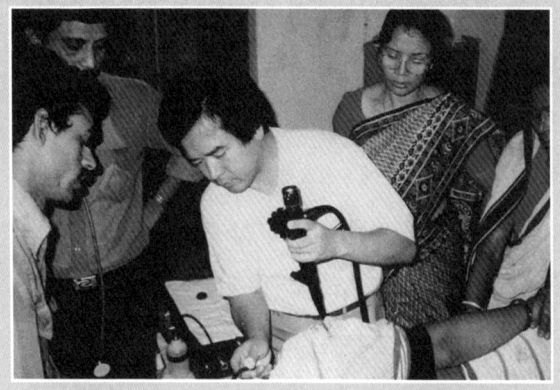

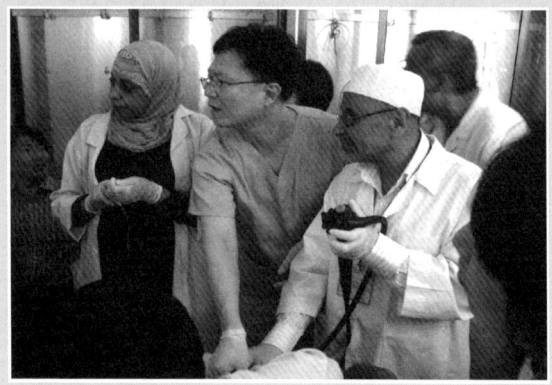

(위에서부터) 주보선의 제자인 이용웅, 김상균, 조진웅이 선교지에서 의료사역을 펼치는 모습.

선교적 삶을 사는 제자들

주보선의 전기를 쓰기 위해 좀더 일찍 마음먹을 수 없었던 이유는 그가 남긴 어떤 유형적인 것도 찾을 수 없었기 때문이다. 그런데 '아, 그는 삶으로서의 선교 시대를 앞서 살았구나!' 하는 생각에 미치자 그의 삶이 남긴 것들이 드러나 보였다. 그렇다. 그는 선교적 삶을 따르는 많은 제자를 남겼다. 업적을 중시하는 세상에서 관계를 더 소중하게 여기는 제자를 남겼다. 환자를 대상화하지 않는 태도로 일하는 많은 제자를 남겼다. 그의 삶에는 못 미칠지 몰라도 그의 단순한 삶을 따르려고 노력하는 제자를 남겼다. 지금 여기 일상의 삶에서 선교적 삶을 사는 많은 제자를 남겼다. 그의 삶은 그에게 직접 배우지 못한 제자들에게까지 사람에서 사람으로, 입에서 입으로 전해지며 그 간접적 영향력을 계속 펼치고 있다.

주보선은 선교사로서 잘 정리된 서양의 신학 교리를 전하러 한국 땅에 온 것이 아니었다. 그는 자신의 삶 자체를 통해 은밀한 복음의 영향력을 남겼다.*

그리고 그가 성취를 이룬 안전지대 미국을 떠나 1967년 가난한 후진국 한국 땅에 왔던 것처럼, 안전지대 한국을 떠나 1960년대 한국과 비슷한 나라에 '하나님 나라 꿈'을 가지고 떠난 제자들이 있다.

이용웅은 1979년 우리나라 첫 번째 의료선교사가 되어 방글라데시에 파송되었다.·· 예수병원의 전 직원은 급여의 1퍼센트를 헌금하여 예수병원이 선교로 받았던 은혜를 갚는 일에 기꺼이 동참했다. 대다수의 강경한 이슬람교도들과 소수 힌두교도가 뒤섞여 있고 기후 조건마저 열악한 방글라데시에서 이용웅은 8년 동안 사역했다. 이용웅은 다카 Dhaka 시 변두리의 빈민가에 있는 통기진료소 Tongi Camp Clinic 에서 주로 진료했고, 갠지스강 너머의 알라디푸르 Ahladipur 에서 미국장로교의 CHAPA Christian Health and Agricultural Project in Ahladipur 진료소에서 주 2회 지역사회 보건사업을 지원했다.··· 또 소화기내과 전문의로서 다카 대학병원에 내시경을 도입했다. 이용웅의 아내 박수인은 거리의 빈민 아동을 위한 학교를 운영했고, 처

- • 문자가 없는 구전 문화권에서 복음을 전할 때에는 서양철학의 영향 아래 체계화된 신학이 오히려 장애가 될 수 있음을 인정하고 스토리텔링을 중요시한다. 이 방식이 더 효과적인 지역(특히 아프리카와 동남아시아 지역)이 훨씬 많다.
- •• 1970년대의 우리나라는 국력이 약하고 전문 선교단체도 없는 시절이라 공식적으로 미국장로교 해외선교부 소속이었다.
- ••• 통기진료소는 1951년에 광주제중병원(현 기독병원)을 재개원한 고허번(Herbert A. Codington) 선교사가 1974년에 방글라데시로 사역지를 옮겨 시작한 다카시 변두리 빈민가에 있는 진료소다.

제 박혜인은 간호사로서 예방접종, 산전 산후 관리, 5세 미만 아이들의 영양 프로그램, 결핵 환자 관리 등의 지역사회 보건사업을 시행했다. 후에 꼬람똘라 Karamtola에 설립된 꼬람똘라 기독병원의 주춧돌을 마련하기도 했다.* 1987년에 귀국하여 예수병원 소화기내과에서 일했고, 1998년에는 병원장으로서 예수병원 개원 100주년 기념행사를 진두지휘했다.

박행렬은 예수병원에서 내과 수련을 마치고 혈액종양내과에서 임상 과장으로 일하던 중 이전에 했던 선교 헌신 서약을 기억하고 한국 정부 파견 의사로 자원했다. 당시 한국은 유엔 가입 전이었고 해외로 의사를 보내는 제도가 있었다. 1989년 1월, 현지인 의사가 다섯 명밖에 없던 서사모아의 국립병원에 파송되어 1992년 12월까지 진료하며 선교사역을 했다.** 한때 캐나다 오타와에서 한인교회의 협동 목사로 목회를 하기도 했으며, 아세아연합신학원 치유선교학과 교수를 맡기도 했다. 현재 서울에서 내과 의원을 운영하면서

- 1983년에 방글라데시 사역을 지원하기 위해 국내 장로교 뿌리를 가진 일곱 개 기독병원이 한국기독교해외의료선교회(Korea Overseas Medical Mission Society, KOMMS)를 구성했고, 1993년에 꼬람똘라 기독병원을 설립해 지금까지 운영하고 있다. 처음에는 방글라데시와 한국, 미국의 심지회의를 통해 운영되다가 미국이 철수하면서 방글라데시와 한국 두 나라가 이사회를 구성해 운영하고 있다. 현재 이석로가 주축이 되어 병원을 확장해 사역을 이끌고 있다.
- ** 서사모아는 1997년 사모아로 국호를 변경했으며, 인구 20만 명 정도의 남태평양에 있는 화산섬 나라다.

영성 및 내적 치유 사역에 대한 끊임없는 열정으로 목회도 병행하고 있다.

　　김민철은 1994년 르완다 내전 당시 콜레라로 사망자가 5만 명 이상 발생한 콩고(자이레)의 고마 Goma 난민촌에서 3개월 동안 일한 뒤 아프리카에 대한 부담을 품고 있다가, 예수병원 개원 100주년 행사를 기획·진행한 후 SIM Serving In Mission 을 통해 나이지리아에 파송되었다. 산부인과 의사인 부인과 동역했고, 고등학생인 아들도 동반했다. 엑베 Egbe 병원에서 지역사회 보건사업을 도왔고, 에이즈 환자 진료와 예방 사업을 추진했다. 가정의학과 전공의를 교육하고, 예수병원에서 기증받은 위내시경과 초음파를 운용했다. 주말에는 집에서 무슬림 배경의 풀라니 어린이들을 1박 2일 동안 가르치는 교실도 운영하는 등 무슬림에 관심을 집중했다.* 첫 번째 안식년을 시작하면서 예수병원 병원장으로 임명되어 선교 활동을 접는 듯했으나 그후 KOMMS의 대표로 5년 동안 방글라데시를 해마다 방문해 꼬람똘라 병원을 도왔고, 현재 인터서브코리아 Interserve 국제선교회 이사장으로 일하고 있다.

• 그리스도인이 된 요루바족이 가지고 있는 무슬림에 대한 적개심을 넘어서게 하려는 목적으로 현지 교회를 설득해 세미나를 개최하기도 하고, 엑베 주변 관목 숲에 흩어져 사는 종족들(하우사족, 풀라니족, 티비족 등)을 순회 진료했으며, 무슬림과 접촉점을 만들기 위해 그들이 가장 중요하게 여기는 소를 예방접종하기도 했다.

김상균은 예수병원에서 내과 수련을 마치고 1996년에 한국국제협력단Korea Overseas International Cooperation Agency, KOICA 협력 의사로 몽골 연세 친선병원에 파송된 이래 지금까지 선교사의 삶을 살고 있다. 총회 세계선교부Global Mission Society, GMS 및 의료대사선교회Medical Ambassador International, MAI 소속으로 이집트에서 지역사회 보건 전략 개발과 훈련 책임자로 중동 지역에서 사역한 뒤(2000-2004년) 사역지를 중국으로 옮겨 원난성에서 같은 내용의 사역을 했다(2004-2009년). 그 후 한국국제보건의료재단Korea Foundation for International Healthcare, KOFIH의 평가팀 전문위원 역할을 담당했다(2013-1014년). 2014년부터 지금까지 KOFIH의 캄보디아 사무소장직을 감당하고 있는데, 주 업무는 3개 도민(인구 170만 명)을 대상으로 통합 모자보건 활동을 운영하는 것이며, 만성질환 관련 사업도 추진하고 있다. 이 외에도 캄보디아 의사들을 위한 훈련 프로그램을 운영하고 내시경실을 설치 및 운영했는데, 후자는 예수병원 내과 및 동문회와 물적·인적 교류를 하며 협력해 진행한다. 간호사면서 중국에서 공부한 한의사이기도 한 부인이 동역하고 있다. 안식년 동안 풀러 신학교에서 선교학 석사학위 과정을 마쳤으며, 통전적 선교로서 지역사회개발사역Community Health Evangelism과 삶을 통한 선교에 관심이 있다.

이름을 밝힐 수 없는 한 내과 동문은 2005년 선교사 파송을 받아 국제선교단체(한국 지부) 소속으로 예멘의 타이즈에 있는 알타

우라 정부 병원에서 현지인 의사 교육과 기본 간호, 응급 간호 및 중환자 간호 등의 간호사 교육에 헌신했다. 무료 진료소를 열어 고아, 과부, 장애인들과 가난한 자들을 위한 기본 검사와 무료 투약을 하기도 했다. 가정교회를 통해 현지인 믿음의 가정과 예배하고 교제하는 일도 지속했다. 남북 예멘 사이의 전쟁으로 타이즈시에 폭격이 가해지고 수많은 민간인 사상자와 난민이 발생해 결국 치안 때문에 사역을 지속할 수 없어 목숨을 건 탈출을 해야만 했다. 2016년 8월부터는 요르단 마프락시 안누르 병원으로 일터를 옮겼다. 이 병원은 55년의 역사를 가진 호흡기 및 결핵 전문 병원으로 요르단·시리아·팔레스타인·사우디아라비아·이라크·이집트 등의 이슬람권에서 온 환자들뿐만 아니라 요르단에서 일하고 있는 외국인 노동자들의 호흡기 질환을 진료한다. 그동안 진료실이나 입원환자들에게 성경을 전해 주기도 하고 매일 한 시간씩 성경 공부도 했었으나, 최근 요르단 정부가 병원 내 종교 활동을 금지시켜서 이에 대해 기도를 요청한 바 있다.

정금모는 예수병원에서 소화기내과 과장으로 재직하던 중 안식년 1년 동안 캄보디아의 선교사역에 참여했다. 프놈펜에 있는 헤브론 병원에서 현지 의사 선교사들과 협력하여 내과 진료와 현지인 의사 교육에 참여했다. 가정의학과 전공의 과정을 신설하여 일곱 명의 캄보디아 의사들과 함께 교과서 및 의학 저널 읽기, 내시경 시연, 입원환자 진료 교육, 매주 성경 공부, 신앙 수련회 등을 시행하고 기독 의과대학생들과 성경 공부도 했다. 귀국 후에는 캄보디아 의료진을 초청해 연수하게 하고 캄보디아를 재방문을 하여 세미나를 열기도 했다. 정금모는 짧은 기간이었만 현지 의사들의 결혼이나 장례, 가정사에 참여하면서 깊은 교제를 하는 동안 그들이 예수님을 만나 삶이 변화되는 모습을 보는 귀한 경험을 했다.

송호신은 예수병원 순환기내과 과장 당시 방글라데시의 꼬람똘라 기독병원에 의료진 공백이 생기지 않도록 KOMMS 소속 일곱 개 병원 의료진이 릴레이로 파송될 때 그 일원으로 3개월 단기 선교를 다녀왔다.

조진웅은 예수병원 국제의료협력단 People for Medical Cooperation International, PMCI을 통해 예수병원의 외과 의사와 병리과 의사를 동행하여 예멘 알타우라 병원에서 내시경 교육 및 시연을 했다. 또 이집트의 무느프하퍼 기념병원 Menouf Harpur Memorial Hospital에 여러 차례 방문해 소화기 내시경 세미나 및 시연을 하였으며, 간경변 환자의 식도정맥류 결찰술, 내시경 점막하 절제술 등 특수 내시경 세미나 및 시연으로 현지 기독 의료진을 돕는 일을 꾸준히 하고 있다. 또 현지인 의사들이 예수병원에 와서 수련을 받도록 초청해 이들을 섬기는 일을 계속하고 있다.

캄보디아의 김상균 선교사가 KOFIH 사업으로 진행하는 바탐

방 도립병원의 내시경 시술 및 치료 수준 향상을 위해 각각 조진웅·정금모·김지웅·송재선·양민아·한지현 등이 예수병원 소화기내과에 근무하면서 교대로 꾸준히 방문했고, 내과 동문인 개원의 유영근도 동참했다. 이 일을 위해 김상균 선교사 외에도 현지 선교사 이철, 최상석 등과도 동역했다. 한편 예수병원의 국제의료협력단˚은 바탐방 지부를 결성하여 협력을 구체화했다.

예수병원은 국제의료협력단의 전공의 해외 선교병원 파견 계획을 승인했고, 내과는 전공의를 한 달 동안 파견하는 일에 적극적으로 동참했다. 2002년부터 알바니아의 샬롬 클리닉에 3년 차 내과 전공의였던 박종필·전성희·최현종··이윤정·정금모 등이 각각 한 달 동안 파견된 것이 그 시작이었다. 이동엽(2010년, 중국 연길), 조명진(2010년, 예멘), 박재우··이천범·양민아(2012년, 알바니아 샬롬 병원), 최혜미·성충실·이혁수·이웅기(2013년, 캄보디아 헤브론), 김병선(2013년, 방글라데시 꼬람똘라), 김상선·조아영·이성희(2014년, 캄보디아 헤브론), 김병관(2014년, 방글라데시 꼬람똘라), 이종화·오성식·최미림(2015년, 캄보디아 헤브론), 라한나(2016년, 베트남 롱안 세계로 병원), 강나연(2017년, 스와질란드 클리닉), 정현주·이하은(2019년, 인도네시아 루북링 가우) 등이 각각 한 달 동안 파견되어 선교지를 체험했다.

• 국제의료협력단은 1959년에 출범한 예수병원 선교회가 비정부기구 등록을 하면서 개명한 이름으로 세계 여러 나라(우간다, 에스와티니, 미얀마, 캄보디아)에 지부를 두고 현지 선교사들과 협력하고 있다.

그 외에도 유영근은 20여 년째 꾸준히 내시경과 초음파를 들고 교도소를 찾아가 진료의 빈자리를 지원하고 있는데, 이 일에 송호신과 이순형도 동참하고 있다. 박효숙은 선교사 후원 관리를 맡아서 보내는 선교사 역할을 감당하고 있다.

허기석은 전북지방의 의사들과 함께 '이웃사랑의사회'를 조직하고 기금을 마련하여 의료비 때문에 치료받지 못하는 환자들과 학비 때문에 어려움을 겪는 학생들을 돕는 일에서 중심 역할을 하고 있다.

한 사람의 선한 영향력이 그 제자들의 삶 곳곳에서 드러나 이어져 가고 있는 것이다.

주보선 부부가 이 땅에 육신의 장막을 벗어 놓은 곳(노스레이크추모공원).

주보선을 기억하며

　주보선의 삶의 조각들을 모으고 이어서 엉성하지만 그의 생애를 그려 보았다. 주보선은 중국에서 태어나 격변하는 국제 정세와 전쟁으로 혼란스러웠던 어린 시절과 청년기를 보내고, 공산당의 등극으로 위험해진 고향을 가까스로 탈출해 미국에 건너와 마침내 심장 전문의가 되었다. '아메리칸드림'을 이룬 것이다. 바로 그 시점에 하나님께서는 그에게 아직 절대 빈곤을 벗어나지 못한 1960년대 중반의 한국 땅을 보게 하셨고, 그는 이미 손에 쥔 것들을 내려놓았다. 갈 수 없는 고향 대신 한국전쟁 당시 중공군의 피해를 입은 이 땅에 건너왔다. 그리고 65세 정년이 될 때까지 변함없이 우리 곁에 있었다. 포기할 만한 난관 속에서도 오로지 인도하시는 하나님의 손길에만 소망을 두었다. 그의 삶은 그에게 배운 제자들뿐 아니라 그를 알지 못하는 후배 의사들에게도 그리스도의 향기로 전달되어 예수를 따르는 수많은 제자를 낳았다.

　"It was a small thing"이라고 겸손하게 말했던 그의 생애를 구성해 보는 시도는 여기까지다. 그다음 이야기는 그처럼 예수를 따르기 원하는 제자들이 각자 있는 곳에서 써 나갈 것이다.

문득 '그의 삶이 성공적이었을까?' 하는 생각이 들었다. 그러자 아주 오래전 마음에 새겨 두었던 토머스 헤일Thomas Hale의 모습을 담은 동영상 한 장면이 떠올랐다. 그는 언젠가 누가회의 수련회에 초청받아 외과 의사로 네팔 산골에서 청춘을 바친 지난 25년의 이야기를 들려주었다.˙ 오래전에 들은 이야기의 세세한 내용은 기억나지 않지만 한 장면만은 생생하게 남아 있다. 그가 늙어 가는 모습으로 나타나 들려준 이야기를 듣고 나서 누군가가 이런 질문을 했다.

"선교사님의 인생은 성공적이었다고 생각하십니까?"

고개를 살짝 숙이고 잠시 침묵하더니 그는 이렇게 반문했다.

"누가 볼 때 말입니까?"

그렇다. 이 땅에서의 출세와 성공과 돈의 가치만을 제일로 여기며 사는 사람의 눈에는 분명 실패한 인생으로 보일 수도 있을 것이다. 그러나 하나님 보시기에는 어떨까?

주보선의 삶은 이 질문을 우리 자신에게 향하도록 '우선 멈춤' 신호를 보낸다. 그의 삶은 '내 삶을 어떤 관점으로 조망할 것인가'

˙ 헤일은 1970-1996년까지 네팔에서 외과 의사로 사역했다. 그는 네팔어로 신약성경 주석을 썼는데, 이 책은 아프리카 요루바를 포함한 30개 종족어로 번역·출판되었다. 1995년 '의료선교대회'에 강사로 초빙되었으며, '한국 인터서브'의 출범에도 기여했다. 국내에 번역된 저서로 『의료선교의 모험과 도전』(건생, 1996), 『신식의사 산촌에 오다』(생명의말씀사, 1993) 등이 있다.

하는 성찰의 의미를 더해 준다.

자크 엘륄Jacques Ellul은 "속이지 않는 것에 희망을 두려면 속이는 모든 것에 대한 희망을 버리지 않으면 안 된다"라는 말로 전도서를 요약했다.• 평생을 속이지 않는 것에 소망을 두고 살아온 주보선의 정체성은 거듭나는 체험 이후 받아들인 "새로운 피조물" 됨이었다.•• 그 정체성으로 일상 속에서 자신의 삶과 주위 사람들의 삶을 겸손하게 품었다. 그의 생애는 '삶으로서의 선교'를 몸소 앞서가며 보여 주었다.

- • 베르나노스(George Bernanos)의 소설 『사탄의 태양 아래』(문학과지성사, 2004)에 나오는 말로, 자크 엘륄은 자신의 선도서 묵상 저서 『존재의 이유』(대장간, 2016)에서 전도서의 전체 내용은 이 문장 하나에 담겨 있다고 인용했다.
- •• "새로운 피조물"은 상하이에서 세례를 받은 이래 주보선의 마음에 새겨진 그의 정체성이다. "그런즉 누구든지 그리스도 안에 있으면 새로운 피조물이라 이전 것은 지나갔으니 보라 새것이 되었도다"(고후 5:17).

주보선 연표

1923년 3월 27일	중국 상하이에서 출생.
1945-1949년	중국 상하이 상하이 대학교 경영학.
1949-1950년	미국 텍사스주 웨이코 베일러 대학교 경영학 석사.
1952-1957년	미국 텍사스주 휴스턴 베일러 대학교 의과대학.
1957-1958년	미국 뉴욕 브루클린 감리교병원 인턴.
1958-1961년	미국 뉴욕 브루클린 감리교병원 내과.
1958년 10월 4일	게일과 결혼.
1960년 9월 27일	아들 필립 출생.
1961-1963년	미국 뉴저지주 뉴왁 장로교병원 심장내과 전임의.
1962년 5월 26일	딸 루이사 출생.
1963-1967년	미국 뉴욕 브루클린 감리교병원 심폐내과 과장. 뉴욕 주립대학교 내과 임상교수.
1965년 1월 14일	딸 리디아 출생.
1967-1971년	대한민국 전주 예수병원 내과(순환기내과) 과장.
1969년	아들 피터 예수병원에서 출생.
1971-1974년	미국 뉴욕 브루클린 감리교병원 심폐내과 과장.

1973년 7월 31일	아들 데이비 출생.
1974-1978년	대한민국 전주 예수병원 내과(순환기내과) 과장.
1978-1979년	미국 테네시주 멤피스 침례교기념병원 심장초음파 전임의.
1979-1988년	대한민국 전주 예수병원 내과(순환기내과) 과장.
1988-1992년	미국 노스캐롤라이나 포트브래그 워맥육군의료센터 심장내과 민간인 의사.
2015년 9월 29일	콩코드 자택에서 영원한 안식에 들어감.

아무것도 남기지 않고 모든 것을 남긴
의사 주보선

초판 발행_ 2022년 6월 20일
초판 3쇄_ 2023년 12월 5일

지은이_ 김민철
펴낸이_ 정모세

펴낸곳_ 한국기독학생회출판부
등록번호_ 제2001-000198호(1978.6.1)
주소_ 04031 서울시 마포구 동교로 156-10
대표 전화_ (02)337-2257 팩스_ (02)337-2258
영업 전화_ (02)338-2282 팩스_ 080-915-1515
홈페이지_ http://www.ivp.co.kr   이메일_ ivp@ivp.co.kr
ISBN 978-89-328-1937-2

ⓒ 김민철 2022

책값은 뒤표지에 있습니다.
무단 전재와 복제를 금합니다.